企业管理
工作实务

邹龙才◎编著

Enterprise Management
Work Practice

经济管理出版社
ECONOMY & MANAGEMENT PUBLISHING HOUSE

图书在版编目（CIP）数据

企业管理工作实务/邹龙才编著. —北京：经济管理出版社，2021. 2
ISBN 978 - 7 - 5096 - 7826 - 8

Ⅰ. ①企… Ⅱ. ①邹… Ⅲ. ①企业管理 Ⅳ. ①F272

中国版本图书馆 CIP 数据核字（2021）第 038218 号

组稿编辑：王 洋
责任编辑：王 洋
责任印制：黄章平
责任校对：王淑卿

出版发行：经济管理出版社
（北京市海淀区北蜂窝 8 号中雅大厦 A 座 11 层 100038）
网 址：www. E - mp. com. cn
电 话：（010）51915602
印 刷：唐山昊达印刷有限公司
经 销：新华书店
开 本：720mm×1000mm/16
印 张：12. 75
字 数：136 千字
版 次：2021 年 3 月第 1 版 2021 年 3 月第 1 次印刷
书 号：ISBN 978 - 7 - 5096 - 7826 - 8
定 价：58. 00 元

序　言

时光荏苒，一事未成，闲暇之时，欲将以前工作做一回顾，整理成册，聊以自慰。然若对他人亦有所帮助，更是善莫大焉。

与不少人有着相同的经历，为觅得一份较为理想的工作，笔者也曾不断游走于各种各样的企业之间，虽说此过程是比较艰辛的，但相信大家都有着自己的收获，而就个人而言，那就是有幸发现，每家企业都有其各自不同的成功之处，但对于存在的问题，却均可以大致归纳为如下的几项：

（1）领导阶层对于上级指示不假思索地盲目遵从，而对基层员工在生产中遇到的实际难题，则大多是熟视无睹；

（2）企业在选人、用人时，缺少必要与可信的依据，导致领导队伍中鱼目混珠的人越来越多；

（3）伴随企业的不断发展壮大、人数的日益增多，难免就会有一些害群之马、浑水摸鱼之徒混在其中，于是，如何才能发现和剔除企业中隐藏的此类不良之人，便成了各家企业成长、发展道路上的一个不小挑战；

（4）企业的正常运行需要制度来管理，但在管理的过程中，很多人却都忽略了或未能意识到，管理企业所依靠的制度同样也需要进行管理；

（5）不少管理者对于监督的认识只是一知半解，故在执行时，其相应的重要作用也就很难被充分地发挥出来，有时甚至会起到适得其反的效果；

（6）伴随着时间的推移，企业中与生产相关的各类知识、经验都在日积月累，不断趋于完善，大家的能力本应是"更上一层楼"才对，但我们通常却会匪夷所思地发现，企业的员工实际上却是"一代不如一代"；

（7）几乎所有的企业都能深刻认识到"改善"对自身发展的重大作用，但员工在此方面的积极性却始终很难被有效地调动起来；

（8）6S管理不到位，大家每到干活时，都会因为没有合适、可用的工具而发愁，与此同时，企业中的不少人都有私藏物品的习惯；

（9）企业的很多员工都会叹息自己的工作比较累，而相对更为麻烦的是，员工中"事不关己，高高挂起"的人越来越多。

……

若读者对以上所述的各种问题深有同感，那么，在本书中笔者将着重结合自身的实践和体验，对其进行逐一的分析、讨论与解答，盼大家都能从中找到自己所期望的满意答案。

目　录

第一章　企业考评新方案

——员工互评Ⅱ

一家企业犹如一个小社会，社会有"官"有"民"，而企业有领导与基层员工；在企业中，领导代表着"官"，基层员工则代表着"民"。

"官"本身即代表着"管"，同时也意味着所谓的"名利"，古往今来，大多数人一直都以此为目标，真正为"民"的"官"可谓是凤毛麟角，少之又少；当代企业里，同样如此，于是，如何才能把那些可以代表全体员工远大利益的优秀人才选拔出来，并将其培养成为能够担当未来发展重任的"领导"，便成为一家企业兴衰成败和能否实现长足发展的关键所在，故对于负责此项任务的考评制度来说，其自身的优劣就会显得格外重要，而本章的核心就是：鉴于当前企业考评制度中的各种缺陷和不足，为大家推荐一种更为理想的企业考评方式——员工互评Ⅱ。

一、企业考评制度的现状与员工互评Ⅱ的形成

关于企业考评制度，就目前而言，大家所熟知的主要有两种：一种是绩效考核制度，另一种则是改变了传统"自上而下"考核方式的员工互评制度。所以，此二者也就成了本部分待讲的两个重点内容。

（一）绩效考核制度

了解的人都知道，绩效考核制度所涵盖的理论内容甚是繁杂，故我们这里就不再做过多的系统性介绍，此处要说明的要点则是其考核的项目及内容、关键的操作步骤和考核中多会遇到的一些难题。

绩效考核制度中，员工考核通常会涉及的项目及内容，还有常见的表格格式，可详见表 1-1；而考核的关键操作步骤就是，员工一般都是由他的直接上级进行考核的，即员工最终的考核成绩将会基本由自己的直接领导来决定。因此在绩效考核制度执行的过程中，难免就会存在如下一些常见的问题：

1. 考核成绩的片面性

（1）对领导而言，属下员工一般少则十余人，多则几十人，若要求一个领导对手下的每位员工都能监管到位，特别是按照绩效考核表格内的各项内容去深入地了解和认识他们中的每一个人，根本就是一件不可能做到的事；

（2）就员工来说，他们的考核成绩完全是由自己的直接上级领导来决定的，所以，部分员工为了获得一个好的考核成绩，领导在时，就会表现得非常积极向上，然而一俟领导离去，他们便显露出我行我素、恣意妄为的工作状态。

综合上述两种情况，故绩效考核中，考核成绩不可避免地就会存在很大程度上的片面性。

2. 考核标准较难界定

在制定绩效考核的评定标准时，所有标准的判定都极难做到百分之百的清晰与一目了然，以表1-1中的"责任感"项为例，虽然"任劳任怨，竭尽所能完成任务"与"有责任心，能自动自发"这两个标准中间相差两个等级，但对大部分人而言，此二者所述的意思并无太大的差别，因此，就很难对其进行严格、明确的界定。

而在整个考核表格中，共有八个考核项，我们非常容易便能发现，总的考核分数因考核标准较难界定就可能得出天差地别的结果，如此，恰恰却也给那些企图作弊的人提供了堂而皇之的可乘之机。

3. 不利于团队合作

绩效考核的目的之一就是通过不断增加员工之间的竞争意识，鼓励大家都去追求更高的绩效，进而提高企业的整体效益；然而容易被忽略的是，物极必反，当竞争激烈到一定程度后，就会产生不良的竞争，这时，所有人都会变得非常"自私"起来，团队合作的精神也将会荡然无存，而当有利益冲突时，不少人就可能会为了一己私利去做些有损他人或团体利益的事情，此种状况下，就极易出现虽然个别人的绩效提高了，但团队总绩效反而降低的情况。

表1-1 绩效考核表格

姓名：		部门：		岗位：		
项目及考核内容			配分	自评	审核	
工作任务 （25%）		能保证质量，提前完成任务	25			
		能保证质量，按时完成任务	18～24			
		在监督下能完成任务	10～17			
		在指导下，偶尔不能完成任务	10以下			
工作能力 （20%）	处理能力 （10%）	理解力极强，对事判断极正确，处理能力极强	10			
		理解能力强，对事判断正确，处理能力强	8～9			
		理解判断力一般，处理事务不常有错误	7			
		理解较迟钝，对复杂事务判断力不够	5～6			
		迟钝，理解判断力不良，经常无法处理事务	5以下			
	工作技能 （10%）	在工作作业改善方面，经常有创意性报告并被采纳	10			
		有时在作业方法上有改进	8～9			
		偶尔有改进建议，能完成任务	5～7			
		工作技能无改善，勉强能完成任务	5以下			
工作协调 （10%）		与人协调无间，为工作顺利完成尽最大努力	10			
		爱护团体，常协助别人	8～9			
		肯应他人要求帮助别人	7			
		仅在必要与人协调的工作上与人合作	5～6			
		精神散漫不肯与别人合作	5以下			
责任感 （10%）		任劳任怨，竭尽所能完成任务	10			
		工作努力，能较好地完成分内工作	8～9			
		有责任心，能自动自发	7			
		交付工作需要督促方能完成	5～6			
		敷衍了事，态度傲慢，无责任心，做事粗心大意	5以下			

姓名：		部门：	岗位：		
项目及考核内容			配分	自评	审核
工作勤惰 （10%）	不浪费时间不畏劳苦，交付工作抢先完成		10		
	守时守规不偷懒，勤奋工作		8～9		
	偶尔有迟到，但上班后工作兢兢业业		7		
	借故逃避繁重工作，不守工作岗位		5～6		
	时常迟到早退，工作不力，时常离开工作岗位		5以下		
工作质量 （15%）	无工作错误，并经常改善		15		
	无工作错误亦无改善建议		12～14		
	需在指导下才能做好工作质量		7～11		
	在指导下工作，仍有错误		7以下		
纪律性 （10%）	自觉遵守和维护公司各项规章制度		10		
	能遵守公司规章制度，但需要有人督导		8～9		
	偶有迟到，但上班后工作兢兢业业		7		
	纪律观念不强，偶尔违反公司规章制度		5～6		
	经常违反公司制度，被指正时态度傲慢		5以下		
审核评语：			最后得分		
审核人签名		总经理确认	考核日期		

4. 考核过程流于形式

在本部分的开始就已经提到，绩效考核制度本身所涵盖的内容甚是繁杂，而其中需要满足的各项条件也是不胜枚举，但现实中的很多状况却是无法实现其所有要求的，故一般情况下，我们也就很难得到自己想要的理想考核结果；另外，在应用的过程中，考核中的很多步骤也是很难操作的，例如，前述的第1、2项问题就是很好的证明，且其还有类似上一项中的其他一些问题和弊端。

所以，久而久之，大家便会逐渐开始觉得绩效考核制度并不怎么可靠，而在考核的过程中，所有的操作也就会变得越来越流于形式。

5. 滋生"腐败"

绩效考核制度中，由于大家基本上都是由自己的直接领导进行考核的，故对领导而言，他们决定着基层员工考核成绩的同时，其考核成绩同样是由他们的上级来决定的，但却与基层员工并无半点关联。此种状况下，员工与领导之间就缺少了一种可以互相平衡的工具，而权力的天平便会完全向领导的一侧倾斜，这就极易导致如下一系列的重大问题：

（1）在领导阶层，对于上级指示不假思索地盲目遵从，而对基层员工在生产中遇到的实际难题，大多熟视无睹。

（2）基层员工中，趋炎附势的人与日俱增，他们将大量的时间和精力都花费在如何与领导处关系上，却很少去思考怎么才能把自己的本职工作做得更好。

（3）生产管理上，当"甩手掌柜"的人越来越多，他们总是凭空希望一切都好，自己什么都不用做，而每当出现问题时，也从来不找自身的原因，只会将责任一级一级往下推，故可想而知，最终只能由员工背黑锅，但基层员工往往对此却又敢怒而不敢言，只有选择不了了之。

（二）员工互评制度

提到员工互评制度，很多人都会不由自主地联想到360度考核法，事实上，此二者之间确实有不少相同之处，比如：

（1）在一定程度上，当前的员工互评制度沿用的正是 360 度考核法的思维方式，只不过是将其中的考核人与被考核人进一步完全转变成为了彼此关联更为紧密的互相考核的关系。

（2）它们均改变了传统"自上而下"的考核方式，故都能很好地避免绩效考核制度中的种种问题和弊端。

不同的是，因为 360 度考核法的考核成本相对较高，且培训难度大，所以，它在现代企业管理中的应用一般多局限于对中高层领导的考核；而我们这里所讲的员工互评制度的操作就比较简单了，其主要适用于对企业一线员工和基层领导的考评工作。

那么，接下来，就一起对它做个颇为全面的了解吧！

1. 员工互评的项目及内容

在当前的员工互评制度中，员工之间互评的项目及内容大都与绩效考核制度考核的项目和内容基本一致，同时，其所采用的员工互评表格通常也是在绩效考核表格的基础之上演变而来的，具体可参考表 1 - 2。

2. 互评的大致作业步骤

在员工进行互评前，所有人都会拿到一份"姓名"栏填满被考核人（亦包括自己）的员工互评表格，此时，大家就可以开始给其中的每一个人打分做考评了。表格一旦填完，即可上交，剩余的统计、计算工作将会由专门的负责人员完成。最后，就是互评结果的公示工作了。

3. 当前员工互评制度的实效与原因分析

使用过员工互评制度的企业应该都深有体会，尽管大家都一致

表1-2 员工互评表格

序号	项目 得分 姓名	工作 任务 (25分)	工作能力		工作 协调 (10分)	责任感 (10分)	工作 勤惰 (10分)	工作 质量 (15分)	纪律性 (10分)	合计
			处理 能力 (10分)	工作 技能 (10分)						
1										
2										
3										
4										
5										
6										
7										
8										
9										
10										
11										
12										
13										
14										
15										
16										
17										
18										
19										
20										
21										
22										
23										
24										

认为，同事比非同事更了解被考核者，更加清楚他们在工作中的真实能力和所作所为，故同事之间给出的考评成绩也将会更加准确与可信，但员工互评的实际结果却往往令人大失所望。若究其原因，此处可将其中的几项重要影响因素整理、归纳如下：

（1）不合理的互评要求，导致大量错误数据的产生。

当前的员工互评制度中，员工在填写互评表格时，一般都会被要求对表格内的所有被考核人进行考评，然而就像绩效考核制度中大多数领导不可能对属下的每位员工都有一个全面的认识一样，员工作为单独的个体，通常也只是对互评表格中的部分被考核人有较为深入的了解，对其他更多的被考核人往往仅仅是"知道"而已，甚至当互评表格中的人数较多时，其中就可能会有自己"不知道"的人存在。于是，可想而知，当员工给这些仅仅是"知道"甚至"不知道"的人打分时，难免就会产生大量错误的考评分数，而这些错误数据的混入，将直接严重影响到最终互评成绩的准确性。

（2）"小团体"制造的伪数据。

在工作的过程中，因为各种关系、利益等因素的存在，不可避免地就会出现一些所谓的"小团体"。员工互评时，这些"小团体"的内部成员之间往往就会互相给予很高的考评成绩；但对"他人"，特别是跟他们有竞争或敌对关系的"势力"，一般则会胡乱给以很低的分数。而这些不切实际的伪数据，对整个考评成绩的真实性将会构成重大的威胁，特别是当互评的人数较少时，还可能会起到主导性的作用，导致互评的结果与实际状况完全背道而驰。

（3）不恰当的评分方式。

与绩效考核制度的评分方式如出一辙，当前的员工互评制度同样是把对员工的考评划分为工作任务、工作能力、工作协调、责任感等项目分别进行考评打分，然后将各项的分数相加来得到总的考评分数，而我们之所以会这么做，是因为大家都觉得将考评细化后能得到更为准确的考评成绩，但真的是这样吗？

相信大家也都知道"木桶效应"，一只水桶能装多少水并不是由所有木板共同决定的。当我们按照上一段落中所述的方式对员工进行考评打分时，就如同将木桶的各块木板拆分开来分别进行考量，再将所得的全部数据通过简单的相加算出木桶总的盛水量一样，而这种思维方式本身就存在很多欠缺的地方。

于是，基于以上的分析，既然细化后的评分方式并不能得到更为理想的考评结果，那么，我们何不逆其道而行之呢？即在员工互评时，对于表格中自己所熟知的每位被考核人，大家可在全面考虑他在工作中的日常表现后，分别一次性地给出一个总的综合评定分数即可。如此，相比以前，不但简化了员工考评的作业步骤，而且最终的结果或许也会更加合理与准确一些。

（三）员工互评 II

综合本部分以上所述的内容，非常容易就能看出：当前企业常见的两种考评制度，无论是绩效考核，还是员工互评，在实际应用时都存在诸多的不足之处。而为了可以有效避免这其中的种种缺陷，让考评工作能够在企业发展的道路上起到更为积极的作用，在本章接下来的部分，就为大家着重讲述一种升级版的员工考评方式。因为它是在当前员工互评制度的基础之上，通过改进其评分的方法、数据的处理以及结果的运用等方面后演变而来的，所以为加以区别，我们姑且称之为"员工互评Ⅱ"。

二、员工互评Ⅱ互评表格

想认识员工互评Ⅱ，首先就必须要了解其操作中最基本的一个工作表格——员工互评Ⅱ互评表格。

（一）员工互评Ⅱ互评表格及其与众不同之处

关于员工互评Ⅱ的互评表格，大家具体可参考图1-1，而与以前的考评表格相比，它的与众不同之处在于：

（1）互评表格为 Excel 电子版表格；

（2）互评分数采用10分制；

（3）员工在互评打分时，主要依据被考核人在工作中的日常表现，例如，工作态度、个人能力、团队意识以及责任感等，只需一次性地给出一个总的综合评定分数即可。

（二）互评表格的填写规则

（1）员工本着客观、公平、公正的原则互相考评打分。

（2）仅对自己有一定深入了解、认识的人进行考评，禁止给不

20××年度员工互评表格

别名： KKK1234

部门	岗位	姓名	分数
办公室	A	赵一	
	B	赵二	
	C	赵三	
	D	赵四	
	E	赵五	
倒班组一	H	孙一	
	K	孙二	
	K	孙三	
	L	孙四	
	L	孙五	7
	L	孙六	
	L	孙七	
倒班组二	H	马一	
	K	马二	
	K	马三	
	L	马四	
	L	马五	6
	L	马六	
	L	马七	
倒班组三	H	吴一	
	K	吴二	
	K	吴三	
	L	吴四	
	L	吴五	
	L	吴六	
	L	吴七	
倒班组四	H	冯一	
	K	冯二	
	K	冯三	
	L	冯四	
	L	冯五	
	L	冯六	
	L	冯	
常日班组一	R	杨一	
	R	杨二	
	R	杨三	
	R	杨四	
	R	杨五	
	R	杨六	
常日班组二	X	秦一	
	X	秦二	
	X	秦三	
	X	秦四	
	X	秦五	

互评表格填写规则：

1.本着客观、公平、公正的原则员工之间互相考评打分；

2.仅对自己有一定了解的人进行考评，禁止给不认识的人打分，本表将个人的可考评人数限定在总人数的30%~70%之间；

3.考评分数为1~10的整数，满分为10分；

4.≥8分的人数比例要在自己考评人数的20%~40%；

5.≤5分的人数不少于自己考评人数的5%；

6.别名，非自己的真实姓名，由字母开头的6个及以下的字母、数字组成，用于公示时，便于个人查询自己的"考评信息"是否正确、属实，又起到保密个人资料的作用。

表格自我判断区

不合格

别名字符串长度大于6

考评人数不足

≥8分的人数不足

≤5分的人数不足

		实际
互评表总人数：	44	
考评人数应在	14~31	2
≥8分的人数应在	1~14	0
≤5分的人数应	≥1	0

a b c d e h j l m k g i f

图 1-1 员工互评Ⅱ互评表格

认识的人打分。大家都知道，即使两个非常熟识的人之间也不可能做到100%的认知，因此，企业每位员工也只可能是对其周围的部分同事有较为深入的了解。而通常情况下，员工的数量越多，每个员工了解、认识的其他员工占总人数的比例就会越低，本部分互评表格中关于此项的考评限定比例为30%～70%，与接下来第（4）、第（5）项中的比例设定相同，具体应用时，均可依据实际情况，进行自主的调整。

（3）考评分数为1～10的整数，满分为10分。

（4）≥8分的人数比例要在自己考评人数的20%～40%。

（5）≤5分的人数不少于自己考评人数的5%；此项与第（4）项的共同作用是防止考评分数的"中庸"化，拉开员工之间的分数差距。

（6）别名，即员工给个人拟定的一个临时"代码"，非自己的真实姓名，为便于记忆以及数据的后期处理，可统一要求别名是由字母开头的6个及以下字母、数字组成的字符串；主要用于考评结果公示时，便于员工查询自己的"考评信息"是否正确、属实，又起到保密个人资料的作用。

（三） 互评表格的诠释与说明

参考图1-1，大家非常容易就能看出，员工互评 II 的互评表格主要由三部分组成：

（1）区域 A3：D48 为员工考评区；

（2）区域 F4：H21 为互评表格的填写规则；

（3）区域 F23：H32 为表格自我判断区，主要用于判断所打考评分数是否符合互评表格的填写规则，若考评完成，却发现有不符的项目时，员工则需根据提示做出适当的调整至满足所需的要求。

而在整个员工互评表格中，共有以下两项需要手工输入：

1）单元格 D3 填写"别名"；

2）区域 D5：D48 的考评打分。

此外，在图 1 - 1 中，需要进行详细诠释与说明的地方还有：

a. 判断员工"考评结果"是否完全符合表格填写规则，完全符合时，显示"合格"，有不符合项时，则显示"不合格"，而其下面表格中会有具体不合格项的提示；公式为：

= IF（AND（F25 = " "，F26 = " "，F27 = " "，F28 = " "），"合格"，"不合格"）

b. 对填表规则 6 进行判断，"别名"是否已填写、首字符是否为字母、字符串长度是否小于等于 6；公式为：

= IF（COUNTA（D5:D48）= 0，" "，IF（LENB（D3）> 6，"别名字符串长度大于 6"，IF（D3 = " "，"别名不能为空"，IF（OR（AND（CODE（D3）> 64，CODE（D3）< 92），AND（CODE（D3）> 96，CODE（D3）< 124）），" "，"别名首字符非字母")）)）

c. 对填表规则 2 进行判断，限定考评人数在总人数的 30% ~ 70%，超过范围时会提示"考评人数不足"或"考评人数过多"；公式为：

= IF（COUNTA（D5:D48）= 0，" "，IF（COUNTA（D5:D48）< COUNTA（C5:C48）* 0.3，"考评人数不足"，IF（COUNTA（D5:D48）>

ROUNDUP（COUNTA（C5∶C48）＊0.7，），"考评人数过多"，""）））

d. 对填表规则 4 进行判断，限定 ≥8 分的人数在考评人数的 20%～40%，超出范围将会提示"≥8 分的人数不足"或"≥8 分的人数过多"；公式为：

＝ IF（COUNTIF（D5∶D48，"＞＝8"）＜COUNTA（D5∶D48）＊ 0.2，"≥8 分的人数不足"，IF（COUNTIF（D5∶D48，"＞＝8"）＞ ROUNDUP（COUNTA（D5∶D48）＊0.4，），"≥8 分的人数过多"，""））

e. 对填表规则 5 进行判断，限定 ≤5 分的人数不少于考评人数的 5%，不满足条件时，将提示"≤5 分的人数不足"；公式为：

＝ IF（COUNTIF（D5∶D48，"＜＝5"）＞＝COUNTA（D5∶D48）＊ 0.05，""，"≤5 分的人数不足"）

f. 显示互评表格的总人数；公式为：

＝COUNTA（C5∶C48）

g. 提示"考评人数应在的区间范围"；公式为：

＝ IF（H30＝""，""，"考评人数应在"&ROUNDUP（COUNTA（C5∶ C48）＊0.3，）&"－"&ROUNDUP（COUNTA（C5∶C48）＊0.7，）&" 之间"）

h. 统计"已打考评的人数"；公式为：

＝ IF（COUNTA（D5∶D48）＝0，""，COUNTA（D5∶D48））

i. 提示"≥8 分的人数应在的区间范围"；公式为：

＝ IF（H30＝""，""，"≥8 分的人数应在"&ROUNDUP（COUNTA （D5∶D48）＊0.2，）&"－"&ROUNDUP（COUNTA（D5∶D48）＊0.4，）& "之间"）

j. 统计"已打考评中≥8 分的人数";公式为:

$=IF(H30="","",COUNTIF(D5:D48,">=8"))$

k. 提示"≤5 分的人数应在的区间范围";公式为:

$=IF(H30="","","≤5 分的人数应 ≥"\&ROUNDUP(COUNTA(D5:D48)*0.05,))$

l. 统计"已打考评中≤5 分的人数";公式为:

$=IF(H30="","",COUNTIF(D5:D48,"<=5"))$

m. 根据填表规则 3,在选定考评打分区域 D5:D48 后,需对其进行"数据有效性"的设置,如图 1 - 2 所示。

图 1 - 2 "数据有效性"设置

在完成对图 1 - 2 中的设定后,单击"出错警告"菜单,在"样式"的下拉选项中,选定"停止"项,然后在"错误信息"栏中录入"数值为 1～10 的整数",单击"确定"按钮即可,具体则如图 1 - 3 所示。

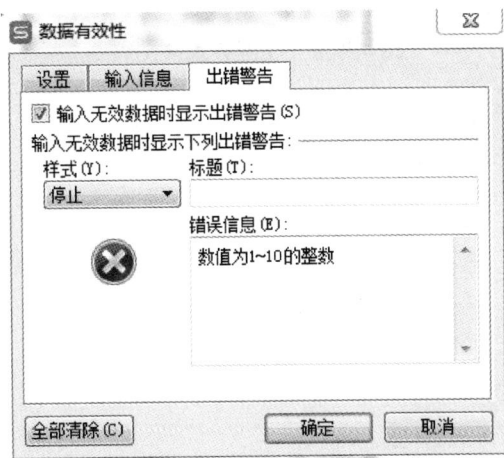

图1-3　"出错警告"设置

（四）互评表格可编辑区域的锁定作业

为了能够有效保证已设定好工作表格内容的准确性以及格式的统一性，防止它们在后期应用的过程中被错误地修改，我们就可将除 D 列（需编辑）外的其他区域全部进行锁定，而具体的操作步骤则如下：

（1）选定整个工作表表格后，单击鼠标右键，选择"设置单元格格式"，如图1-4所示。

（2）选择"保护"选项卡，勾选"锁定"前的复选框后，单击"确定"按钮，如图1-5所示。

（3）使用鼠标选定 D 列后，按住键盘上的"Ctrl"键，再用鼠标点选单元格 A2，即显示"20××年度员工互评表格"的单元格，如图1-6所示。此步骤是为了在完成整个表格的锁定后，D 列仍然

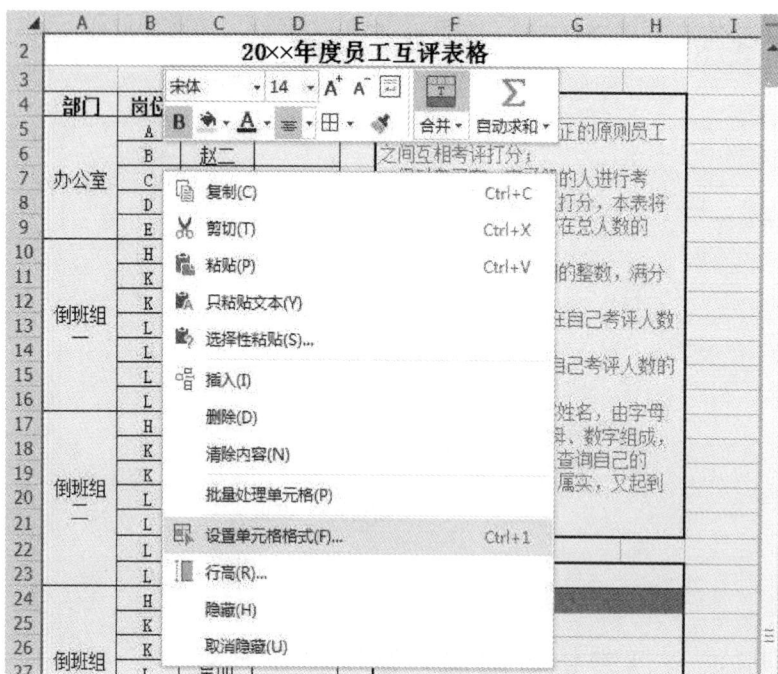

图1-4 互评表格锁定作业第1步操作

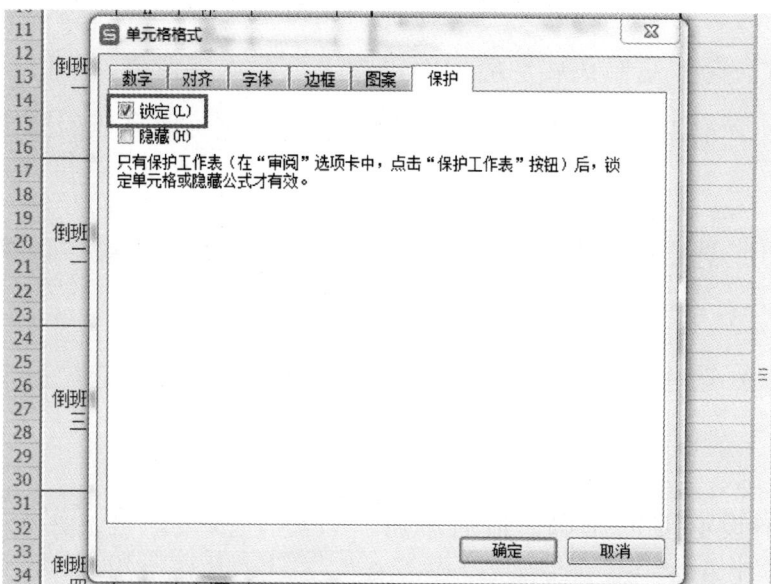

图1-5 勾选"保护"选项卡下"锁定"前的复选框

	A	B	C	D	E	F	G	H	I
1									
2				20××年度员工互评表格					
3			别名：						
4	部门	岗位	姓名	分数	互评表格填写规则：				
5		A	赵一		1.本着客观、公平、公正的原则员工				
6		B	赵二		之间互相考评打分；				
7	办公室	C	赵三		2.仅对自己有一定了解的人进行考				
8		D	赵四		评，禁止给不认识的人打分，本表将				
9		E	赵五		个人的可考评人数限定在总人数的				
10		H	孙一		30%~70%；				
11		K	孙二		3.考评分数为1~10的整数，满分为				
12	倒班组	K	孙三		10分；				
13	一	L	孙四		4.≥8分的人数比例要在自己考评人数				
14		L	孙五		的20%~40%；				
15		L	孙六		5.≤5分的人数不少于自己考评人数的				
16		L	孙七		5%；				
17		H	马一		6.别名，非自己的真实姓名，由字母				
18		K	马二		开头的6个及以下的字母、数字组成，				
19	倒班组	K	马三		用于公示时，便于个人查询自己的				
20	二	L	马四		"考评信息"是否正确、属实，又起				
21		L	马五		到保密个人资料的作用。				

图 1-6　选择 D 列与 A2 单元格

能够一次性地被进行"点选""复制"等操作，而具体应用可见本章第三部分中"数据汇总表格"的相关操作。

（4）单击鼠标右键，选择"设置单元格格式"（与步骤1相同），取消"保护"选项卡下"锁定"复选框的勾选状态后，单击"确定"按钮，如图1-7所示。

（5）选择"审阅"菜单下的"保护工作表"选项，检查并设定其中的"选定锁定单元格"与"选定未锁定单元格"前的复选框分别处于非勾选和勾选的状态，而若在实际制作考评表格时，则强烈建议增设必要的密码，最后单击"确定"按钮即可，如图1-8所示。

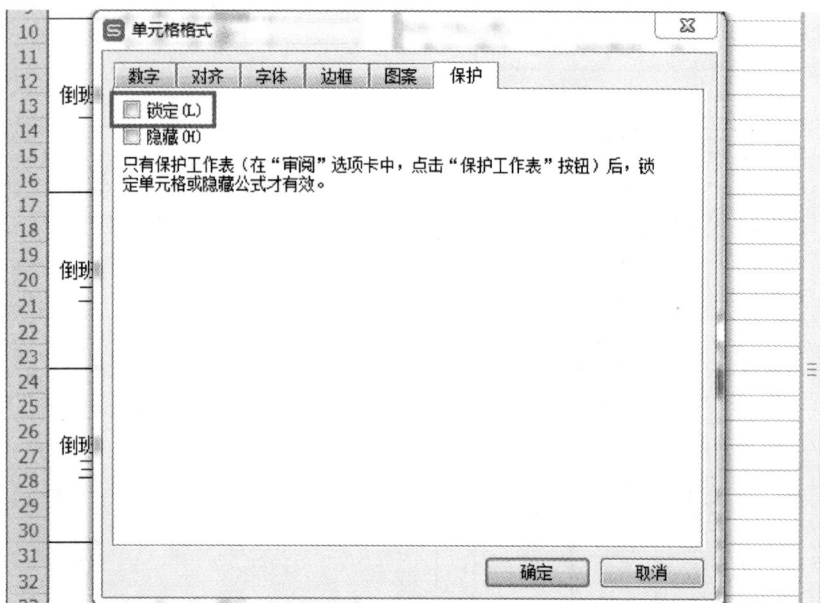

图1-7 取消"保护"选项卡下"锁定"复选框的勾选状态

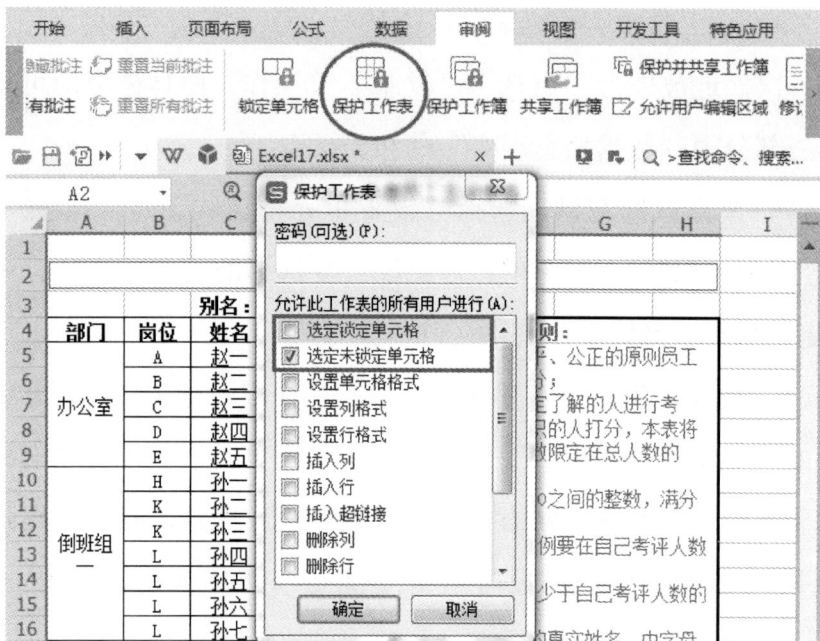

图1-8 检查并设定"保护工作表"中前两项复选框的勾选状态

（6）至此，我们便得到了仅 D 列数据可以编辑的员工互评Ⅱ的最终互评表格，如图 1-9 所示。

	A	B	C	D	E	F	G	H	I
2				20××年度员工互评表格					
3			别名：						
4	部门	岗位	姓名	分数		互评表格填写规则：			
5		A	赵一			1.本着客观、公平、公正的原则员工之间互相考评打分；			
6	办公室	B	赵二						
7		C	赵三			2.仅给自己有一定了解的人进行考评，禁止给不认识的人打分，本表将个人的可考评人数限定在总人数的30%~70%；			
8		D	赵四						
9		E	赵五						
10		H	孙一			3.考评分数为1~10的整数，满分为10分；			
11		K	孙二						
12	倒班组一	K	孙三			4.≥8分的人数比例要在自己考评人数的20%~40%；			
13		L	孙四						
14		L	孙五			5.≤5分的人数不少于自己考评人数的5%；			
15		L	孙六						
16		L	孙七			6.别名，非自己的真实姓名，由字母开头的6个及以下的字母、数字组成，用于公示时，便于个人查询自己的"考评信息"是否正确、属实，又起到保密个人资料的作用。			
17		H	马一						
18		K	马二						
19	倒班组二	K	马三						
20		L	马四						
21		L	马五						
22		L	马六						
23		L	马七			表格自我判断区			
24		H	吴一			合格			
25		K	吴二						
26	倒班组三	K	吴三						
27		L	吴四						
28		L	吴五						
29		L	吴六			互评表总人数：		44	实际
30		L	吴七						
31		H	冯一						
32		K	冯二						
33		K	冯三						
34	倒班组四	L	冯四						
35		L	冯五						
36		L	冯六						
37		L	冯七						
38		R	杨一						
39		R	杨二						
40	常日班组一	R	杨三						
41		R	杨四						
42		R	杨五						
43		R	杨六						
44		X	秦一						
45		X	秦二						
46	常日班组二	X	秦三						
47		X	秦四						
48		X	秦五						

图 1-9 仅 D 列可编辑的最终互评表格

三、互评数据的汇总与处理

在上一部分中所述的员工互评表格，主要起到数据采样与收集的作用，然而当大量已完成考评的员工互评表格成堆出现在我们面前时，该如何对这些单独分散、较为片面的数据进行去伪存真的汇总与处理，得到一个相对全面和真实而又普遍能为大众所认可的结果，就成为员工考评下一步的重点工作。

本部分要讲的核心内容正是对考评数据的汇总与处理作业，其中，主要包括三个作业表格，它们分别是：数据汇总表格、考评筛选表格和结果公示表格。

（一）数据汇总表格

顾名思义，数据汇总表格的重要作用就是将大量已完成的考评数据进行统一汇总，大家可参考图 1 – 10；而数据汇总作业的具体操作步骤为：

（1）制作汇总表格左侧 A、B、C 三列的固定部分；

（2）依次将已完成考评表格的 D 列进行点选、复制后，按顺序粘贴到汇总表格的右侧空白区；

（3）待全部的员工互评数据都被复制、粘贴到汇总表格后，再在接下来的两列分别统计"考评人数"与计算"最终得分"即可。

20XX年度员工互评表格（汇总）

部门	岗位	姓名	别名	… 分数 …	考评人数 a	最终得分 b
办公室		赵一	A		28	7.24
		赵二	B		29	7.56
		赵三	C		26	6.57
		赵四	D		26	7.25
		赵五	E		22	8.31
倒班组一		孙一	H		26	6.8
		孙二	K		25	9.16
		孙三	K		26	7.15
		孙四	L		30	7.82
		孙五	L		35	7.65
		孙六	L		31	6.65
		孙七	L		27	7.95
倒班组二		吕一	H		24	5.55
		吕二	K		26	7.72
		吕三	K		26	6.75
		吕四	L		30	6.23
		吕五	L		32	7.17
		吕六	L		31	6.57
		吕七	H		28	8.47
倒班组三		吴一	K		30	6.2
		吴二	L		31	7
		吴三			31	5.65
		吴四			27	7.68
		吴五			30	7.09
		吴六			31	6.64
		吴七			25	8.47
倒班组四		冯一	H		30	5.86
		冯二	K		31	6.91
		冯三	L		29	7.33
		冯四	L		28	7.16
		冯五	R		29	5.57
		冯六	R		25	8.63
常日班一		杨一	R		23	7.11
		杨二	R		25	7.9
		杨三	R		30	6.59
		杨四	R		26	7.37
		杨五	R		27	7.64
常日班组二		秦一	X		29	7.19

图1-10　数据汇总表格

汇总表格注释：

a. 统计给每位员工打考评的人数，此项的潜在作用是可设定当该值小于一定数目时，对应的员工将失去评优资格，原因可直接理解为该员工的分数来源较窄，缺少一定的代表性，而此规定亦有助于督促大家在工作中去帮助和认识其他更多的人，对创建和谐氛围是极其有利的；以单元格 AV5 为例，公式为：

= COUNTA(D5 : AU5)

b. 计算每位员工的最终得分，这里我们主要会运用到 TRIMMEAN 函数，而其中的第二个参数被设定为 0.3，代表要去除最高分与最低分所占全部数据的比例为 30%；以单元格 AW5 为例，公式为：

= ROUND(TRIMMEAN(D5 : AU5 , 0.3) , 2)

（二） 考评筛选表格

在我们完成数据的汇总作业后，整个考评工作中最为关键的一步就到来了，即有效判断每组考评数据的真实性。然后就是去伪存真的过程，将那些可信度差的数据全部挑选出来。

第 1 步，我们首先可来看一下完整的考评筛选表格，如图 1 - 11 所示。非常容易就能看出，该表格与数据汇总表格的不同之处有：

（1） 表格数据区域 D5：AU48 中的考评分数全部变成了 " + " 或 " - " 符号；

（2） 在表格的最下方多了一行 "考评准确率百分比"。

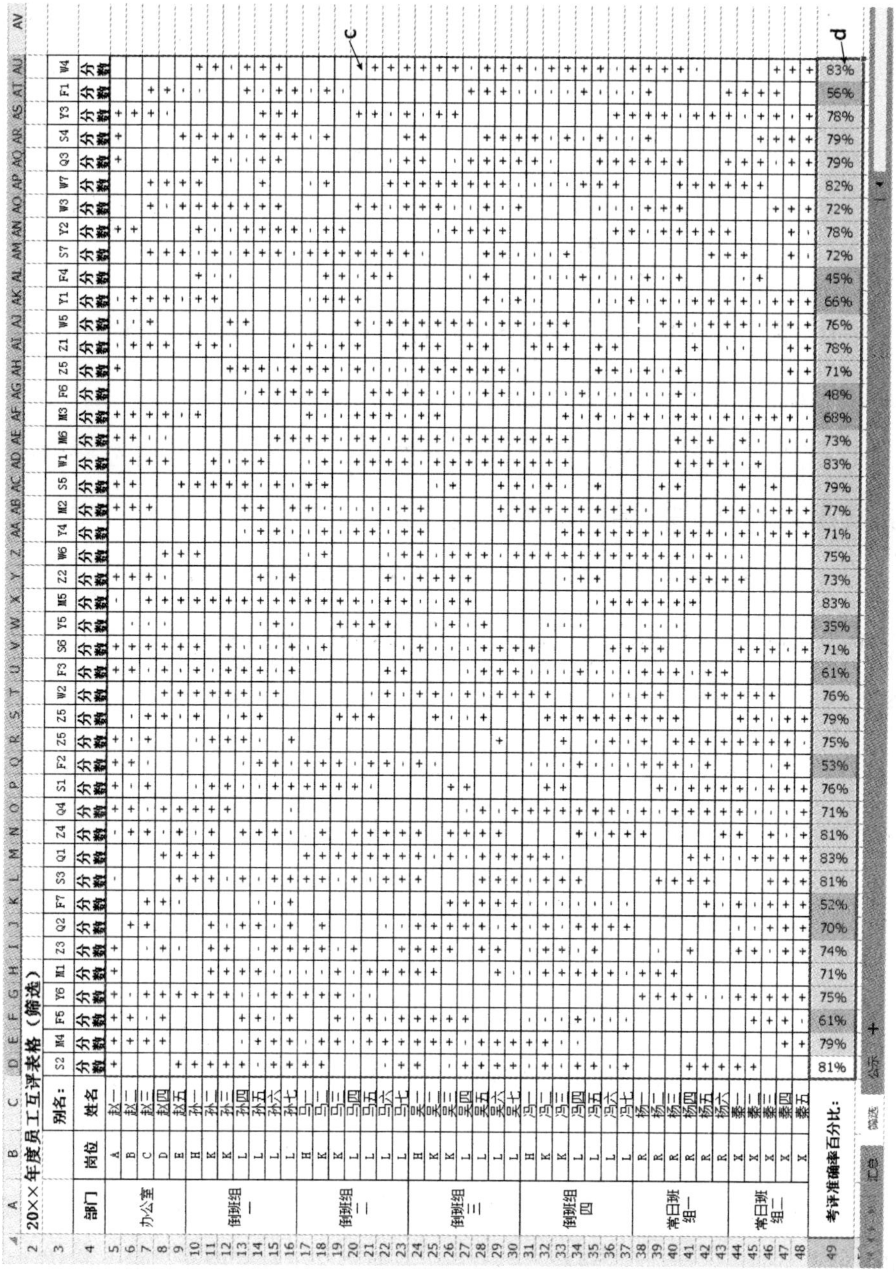
20××年度员工互评表格（筛选）
别名：
S2 M4 F5 Y6 M1 Z3 Q2 F7 S3 Q1 Z4 Q4 S1 F2 Z5 Z5 W2 F3 S6 Y5 M5 Z2 W6 Y4 M2 S5 W1 M6 M3 F6 Z5 Z1 W5 Y1 F4 S7 Y2 W3 W7 Q3 S4 Y3 F1 W4
部门 岗位 姓名 分数
办公室
倒班组一
倒班组二
倒班组三
倒班组四
常日班组一
常日班组二
赵一 赵二 赵三 赵四 赵五
孙一 孙二 孙三 孙四 孙五 孙六 孙七
马一 马二 马三 马四 马五 马六 马七
吴一 吴二 吴三 吴四 吴五 吴六 吴七
冯一 冯二 冯三 冯四 冯五 冯六 冯七
杨一 杨二 杨三 杨四 杨五 杨六
秦一 秦二 秦三 秦四 秦五
c
d
考评准确率百分比：
81% 79% 61% 75% 71% 74% 70% 52% 81% 83% 81% 71% 76% 53% 75% 79% 76% 61% 71% 35% 83% 73% 75% 71% 77% 79% 83% 73% 68% 48% 71% 78% 76% 66% 45% 72% 78% 72% 82% 79% 79% 78% 56% 83%
汇总 筛选 公示

图1-11 考评筛选表格

筛选表格注释：

c. 以数据汇总表格为基础，让区域"汇总！D5：AU48"中的每个考评分数与对应行的"最终得分"进行比较，当上下偏差小于或等于1时，筛选表格中对应的单元格则显示"＋"，表示此考评分数为"准确"；否则便显示为"－"，意味着对应的考评分数偏差过大，评分"错误"。以单元格D5为例，公式为：

＝IF（汇总！D5＝""，""，IF（汇总！D5＞＝汇总！\$AW5－1，IF（汇总！D5＜＝汇总！\$AW5＋1，"＋"，"－"），"－"））

d. 在完成判断考评分数准确与否的基础上，计算每列考评数据的准确率；以单元格D49为例，公式为：

＝IF（COUNTIF（D5：D48，"＋"）＋COUNTIF（D5：D48，"－"）＝0，0，ROUND（COUNTIF（D5：D48，"＋"）/（COUNTIF（D5：D48，"＋"）＋COUNTIF（D5：D48，"－"）），2））

第2步，将图1－11中考评准确率按由大到小的顺序进行排列，然后，制作出对应的二维折线图，如图1－12所示。但由于所涉及的数据相对较多，而单行排列时就会非常不利于观察和作图，故这里将其截为两段，分上、下两行进行排列。

观察图1－12我们不难发现，折线图在横轴坐标为33（对应百分比为70%）处，开始出现快速下滑的趋势；但一般情况下，当大家都以事实为基础互相进行考评时，他们之间的准确率本应是相差无几的。故而基本可以判定，此后的考评成绩中会有越来越多的"非正常"分数掺杂在里面。原因是当有人不按实际标准给被考核人打分或者胡乱考评时，他的准确率将会比其他人低很多，而曲线的快速下滑，也正是由此引起的。

83%	83%	83%	83%	82%	81%	81%	81%	79%	79%	79%	79%	79%	78%	78%	78%	77%	76%	76%	76%	75%	75%
75%	74%	73%	73%	72%	72%	71%	71%	71%	71%	71%	70%	68%	66%	61%	61%	56%	53%	52%	48%	45%	35%

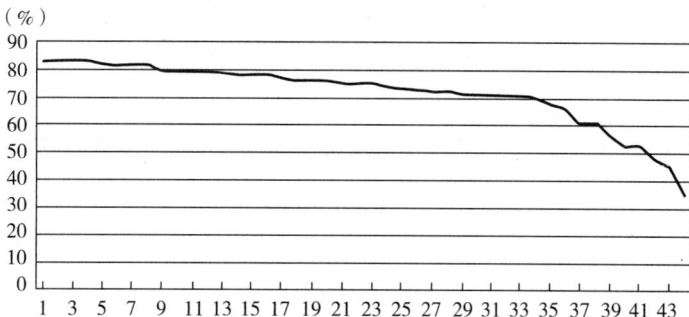

图 1-12　考评准确率二维折线图

第 3 步，基于上一步的判断，在考评筛选表格中找出考评准确率小于或等于 70% 的所有列，并将其对应到前面的"数据汇总表格"中去。

（三）结果公示表格

依据"考评筛选表格"里确定的准确率，在"数据汇总表格"中找到所对应的全部考评列，然后依次通过点选、剪切、插入已剪切的单元格的方式逐步移动到"最终得分"列右侧的空白区域，并标记为无效考评即可；而表格中的"考评人数"与"最终得分"列又会依据前期录入的公式重新自动计算出新的考评结果，如此，我们便得到最后的"结果公示表格"，如图 1-13 所示。

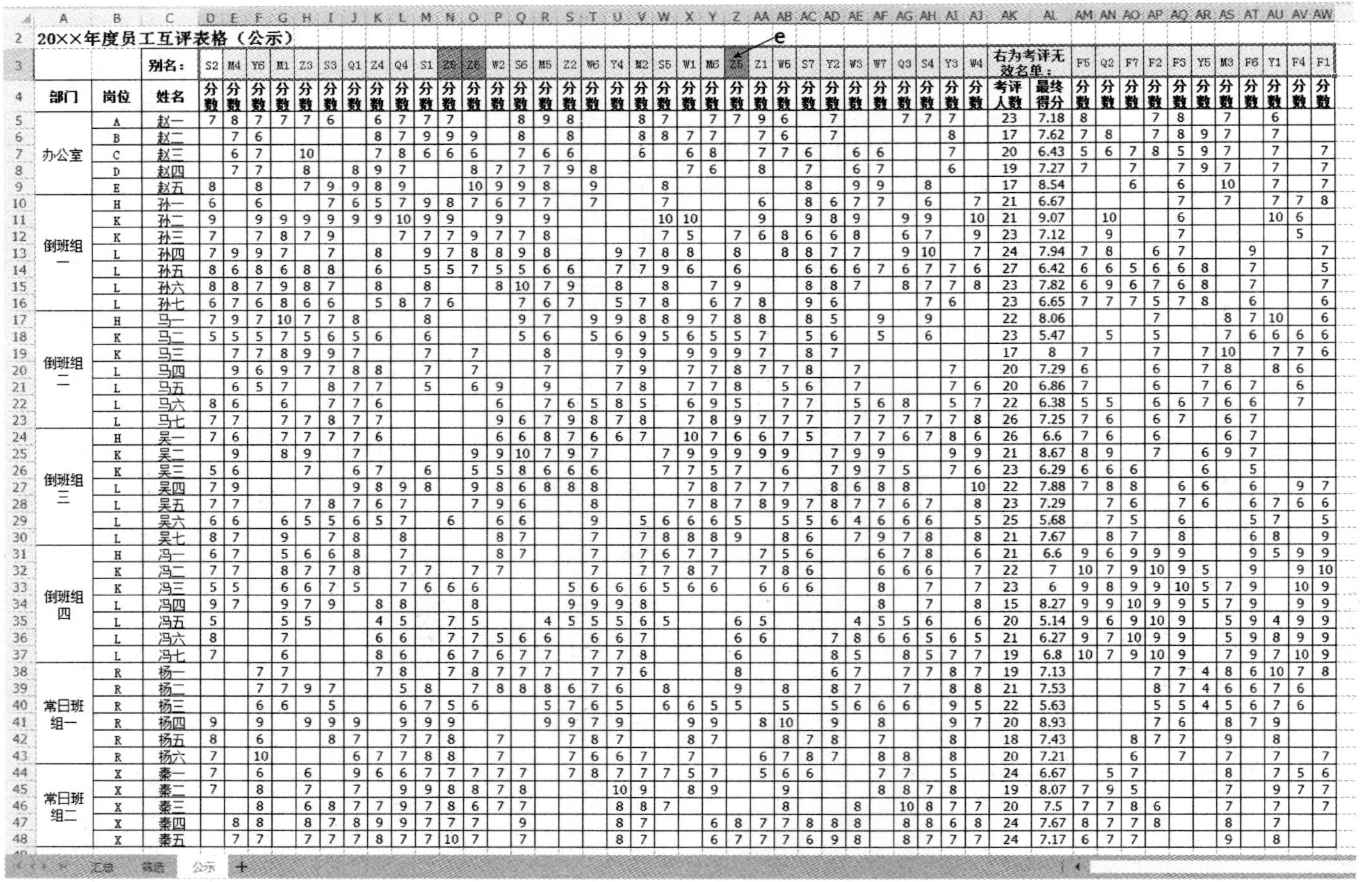

	A	B	C	D	E	F	G	H	I	J	K	L	M	N	O	P	Q	R	S	T	U	V	W	X	Y	Z	AA	AB	AC	AD	AE	AF	AG	AH	AI	AJ	AK	AL	AM	AN	AO	AP	AQ	AR	AS	AT	AU	AV	AW
2	20××年度员工互评表格（公示）																																																
3			别名：	S2	M4	Y6	M1	Z3	S3	Q1	Z4	Q4	S1	Z5	Z6	W2	S6	M5	Z2	W6	Y4	M2	S5	W1	M6	Z5	Z1	W5	S7	Y2	W3	W7	Q3	S4	Y3	W4	右为考评无效名单：		F5	Q2	F7	F2	F3	Y5	M3	F6	Y1	F4	F1
4	部门	岗位	姓名	分数	分数	分数	分数	分数	分数	分数	分数	分数	分数	分数	分数	分数	分数	分数	分数	分数	分数	分数	分数	分数	分数	分数	分数	分数	分数	分数	分数	分数	分数	分数	分数	分数	考评人数	最终得分	分数	分数	分数	分数	分数	分数	分数	分数	分数	分数	分数
5	办公室	A	赵一	7	8	7	7	7	6		6	7	7	7			8	9	8			8	7		7	7	9	6		7			7	7	7		23	7.18	8			7	8		7		6		
6		B	赵二		7	6					8	7	9	9	9		8		8			8	8	7	7		7	6		7					8		17	7.62	7	8		7	8	9	7		7		
7		C	赵三		6	7		10			7	8	6	6	6		7	6	6			6		6	8		7	7	6		6	6			7		20	6.43	5	6	7	8	5	9	7		7		7
8		D	赵四		7	7		8		8	9	7			8	7	7	7	9	8				7	6		8		7		6	7			6		19	7.27	7		7		7	9	7		7		7
9		E	赵五	8		8		7	9	9	8	9			10	9	9	8		9			8						8		9	9		8			17	8.54			6		6		10		7		7
10	倒班组一	H	孙一	6		6			7	6	5	7	9	8	7	6	7	7		7			7				6		8	6	7	7		6		7	21	6.67					7		7		7	7	8
11		K	孙二	9		9	9	9	9	9	9	10	9	9		9		9					10	10			9		9	8	9		9	9		10	21	9.07		10			6				10	6	
12		K	孙三	7		7	8	7	9			7	7	7	9	7	7	8					7	5		7	6	8	6	6	8		6	7		9	23	7.12		9			7					5	
13		L	孙四	7	9	9	7		7		8		9	7	8	8	9	8			9	7	8	8		8		8	8	7	7		9	10		7	24	7.94	7	8		6	7			9			7
14		L	孙五	8	6	8	6	8	8		6		5	5	7	5	5	6	6		7	7	9	6		6			6	6	6	7	6	7	7	6	27	6.42	6	6	5	6	6	8		7			5
15		L	孙六	8	8	7	9	8	7		8		8			8	10	7	9		8		8		7	9			8	8	7		8	7	7	8	23	7.82	6	9	6	7	6	8		7			7
16		L	孙七	6	7	6	8	6	6		5	8	7	6			7	6	7		5	7	8		6	7	8		9	6				7	6		23	6.65	7	7	7	5	7	8		6			6
17	倒班组二	H	马一	7	9	7	10	7	7	8			8				9	7		9	9	8	8	9	7	8	8		8	5		9		9			22	8.06				7			8	7	10		6
18		K	马二	5	5	5	7	5	6	5	6		6				5	6		5	6	9	5	6	5	5	7		5	6		5		6			23	5.47		5		5			7	6	6	6	6
19		K	马三		7	7	8	9	9	7			7		7			8			9	9		9	9	9	7		8	7							17	8	7			7		7	10		7	7	6
20		L	马四		9	6	9	7	7	8	8		7		7			7			7	9		7	7	8	7	7	8		7				7		20	7.29	6			6		7	8		8	6	
21		L	马五		6	5	7		8	7	7		5		6	9		9			7	8		7	7	8		5	6		7				7	6	20	6.86	7			6		7	6	7		6	
22		L	马六	8	6		6		7	7	6					6		7	6	5	8	5		6	9	5		7	7		5	6	8		5	7	22	6.38	5	5		6	6	7	6	6		7	
23		L	马七	7	7		7	7	8	7	7					9	6	7	9	8	7	8		7	8	9	7	7	7		7	7	7	7	7	8	26	7.25	7	6		6	7		6	7			
24	倒班组三	H	吴一	7	6		7	7	7	7	6					6	6	8	7	6	6	7		10	7	6	6	7	5		7	7	6	7	8	6	26	6.6	7	6		6			6	7			
25		K	吴二		9		8	9		7					9	9	10	7	9	7			7	9	9	9	9	9		7	9	9			9	9	21	8.67	8	9		7		6	9	7			
26		K	吴三	5	6			7		6	7		6		5	5	8	6	6	6			7	7	5	7		6		7	9	7	5		7	6	23	6.29	6	6	6			6		5			
27		L	吴四	7	9					9	8	9	8		9	8	6	8	8	8				7	8	7	7	7		8	6	8	8			10	22	7.88	7	8	8		6	6		6		9	7
28		L	吴五	7	7			7	8	7	6	7			7	9	6			8				7	8	7	8	9	7	8	7	7	6	7		8	23	7.29		7	6		7	6		6	7	6	6
29		L	吴六	6	6		6	5	5	6	5	7		6		6	6			9		5	6	6	6	5		5	5	6	4	6	6	6		5	25	5.68		7	5		6			5	7		5
30		L	吴七	8	7		9		7	8		8				8	7			7		7	8	8	8	9		8	6		7	9	7	8		8	21	7.67		8	7		8			6	8		9
31	倒班组四	H	冯一	6	7		5	6	6	8		7				8	7			7		7	6	7	7		7	5	6			6	7	8		6	21	6.6	9	6	9	9	9			9	5	9	9
32		K	冯二	7	7		8	7	7	8		7	7		7	7				7		7	7	8	7		7	8	6			6	6	6		7	22	7	10	7	9	10	9	5		9		9	10
33		K	冯三	5	5		6	6	7	5		7	6	6	6				5	6	6	6	5	6	6		6	6	6			8		7		7	23	6	9	8	9	9	10	5	7	9		10	9
34		L	冯四	9	7		9	7	9		8	8			8				9	9	9	8										8		7		8	15	8.27	9	9	10	9	9	5	7	9		9	9
35		L	冯五	5			5	5			4	5		7	5			4	5	5	5	6	5			6	5				4	5	5	6		6	20	5.14	9	6	9	10	9		5	9	4	9	9
36		L	冯六	8			7				6	6		7	7	5	6	6		6	6	7				6	6			7	8	6	6	5	6	5	21	6.27	9	7	10	9	9		5	9	8	9	9
37		L	冯七	7			6				8	6		6	7	6	7	7		7	7	8				6				8	5		8	5	7	7	19	6.8	10	7	9	10	9		7	9	7	10	9
38	常日班组一	R	杨一			7	7				7	8		7	8	7	7	7		7	7	6				8				6	7		7	7	8	7	19	7.13				7	7	4	8	6	10	7	8
39		R	杨二			7	7	9	7			5	8		7	8	8	8	6	7	6		8			9		8		8	7		7		8	8	21	7.53				8	7	4	6	6	7	6	
40		R	杨三			6	6		5			6	7	5	6			5	7	6	5		6	6	5	5		5		5	6	6	6		9	5	22	5.63				5	5	4	5	6	7	6	
41		R	杨四	9		9		9	9	9		9	9	9				9	9	7	9			9	9		8	10		9		8			9	7	20	8.93				7	6		8	7	9		
42		R	杨五	8		6			8	7		7	7	8		7			7	8	7			8	7			8	7	8		7			8		18	7.43			8	7	7		9		8		
43		R	杨六	7		10				6	7	7	8	8		7			7	6	6	7		7			6	7	8	7		8	8		8		20	7.21			6		7		7		7		7
44	常日班组二	X	秦一	7		6		6		9	6	6	7	7	7	7	7		7	8	7	7	7	5	7		5	6	6			7	7		5		24	6.67		5	7				8		7	5	6
45		X	秦二	7		8		7		7		9	9	8	8	7	8				10	9		8	9			9				8	8	7	8		19	8.07	7	9	5				7		9	7	7
46		X	秦三			8		6	8	7	7	9	7	8	6	7	7				8	8	7					8			8		10	8	7	7	20	7.5	7	7	8	6			7		7		7
47		X	秦四		8	8		8	7	8	9	9	7	7	7		9				8	7			6	8	7	7	8	8	8		8	8	6	8	24	7.67	8	7	7	8			8		7		
48		X	秦五		7	7		7	7	7	8	7	7	10	7		7				8	7			6	7	7	7	6	9	8		8	7	7	7	24	7.17	6	7	7				9		8		

图 1 – 13　结果公示表格

公示表格注释：

e. 在"结果公示表格"进行公示时，大家众多的"别名"中很可能会有重名的情况发生，而为了便于所有员工都能快速、准确地查找到自己的考评数据列，我们可对"别名"区域 D3：AW3 进行"高亮显示重复值"的设置，如图 1 - 14 所示，这样如果有重名的话，对应单元格将会显示出不同的背景颜色，用于提示员工所用的"别名"有重名。另外，对于表格的汇总、处理与制作人员而言，当有提醒重名时，他们就需检查、确认自己的操作过程是否存在错误，从而造成了相同考评数据的重复出现。

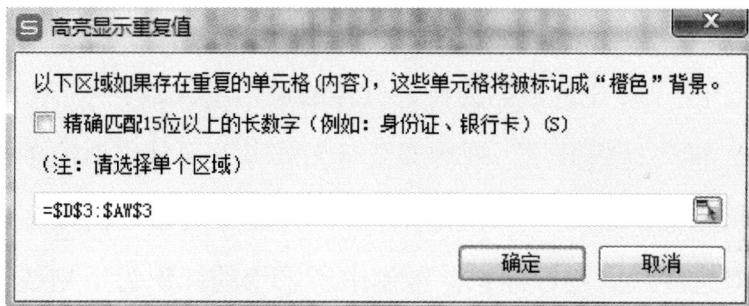

图 1 - 14　"别名"设置"高亮显示重复值"

这里，或许在绝大部分人看来，员工的考评列一旦被移动到结果公示表格的右侧变成无效考评后，就会因失去原有的意义而成为可有可无的存在，殊不知其还有如下一系列的众多附加作用：

1. 保证考评的完全公开性

确保所有人都能看到自己的考评数据，能让大家切实感觉到其所给出的每一个分数均得到了认真、公平的对待，进而有利于提高员工在日后考评工作中的积极性与主动性。

2. 警示的效果

可以督促员工在做考评时认真对待每一位被考核人，因为如果其考评准确率比较低的话，他们所做的考评就可能会变成无效考评。

另外，对于部分准确率过低的员工，特别是接下来第 3 项中发现并确认的"小团体"成员，则可采取取消其评优资格等必要的惩罚措施，以警示所有的员工都要以实际为基础来对他人做考评。

3. 通过数据分析，发现企业内部可能存在的"小团体"

对于企业中存在"小团体"的重大危害，想必大家都是非常了解的，所以此处就不再做进一步的说明。但若能很好地利用这些看似作废了的无效数据，便非常容易找到隐藏于企业中的一些"小团体"，以图 1-13 中的数据为例，具体的操作步骤如下：

（1）将"最终得分"列的成绩与无效考评区域内对应的行数据逐一进行比较，若发现行数据中存在大量比最终得分高很多的数据时，就对这些数据做好标识，本例中所采用的标识为下划线，如图 1-15 所示。

（2）当我们对所有行的数据都比对、标识完成后，核查这些被标识的数据是否都在固定的几个列上，本例中将这些固定的列改变了背景色。

（3）在以上两个条件都满足的情况下，就可基本断定企业中存在某些"小团体"了，而对于其中组成成员的问题，则可依据被标识的行进行判断。当我们再把图 1-15 对应到图 1-13 时，就会发现这些人员主要都集中在"倒班组四"，故其所代表的含义也就不言而喻了。

7.29		7	6		7	6		6	7	6	6
5.68		7	5		6			5	7		5
7.67		8	7		8			6	8		9
6.6	9	6	9	9	9			9	5	9	9
7	10	7	9	10	9	5		9		9	10
6	9	8	9	9	10	5	7	9		10	9
8.27	9	9	10	9	9	5	7	9		9	9
5.14	9	6	9	10	9		5	9	4	9	9
6.27	9	7	10	9	9		5	9	8	9	9
6.8	10	7	9	10	9		7	9	7	10	9
7.13			7	7	4	8	6	10	7	8
7.53			8	7	4	6	6		6	6

图1-15　发现企业内部的"小团体"

（四）数据汇总表格与结果公示表格中"最终得分"的对比

在整个数据汇总与处理的过程中，所有人应该都注意到了，数据汇总表格与结果公示表格里面均存在一个"最终得分"列，那么，这两组不同的数据之间到底会有怎样的区别和差异呢？

第一，我们可将这两组数据分别按照如下的作业步骤进行处理（见图1-16与图1-17）：

（1）将"最终得分"列的数据进行截断分成四列，其原因与制作图1-12时完全一致。

▲	A	B	C	D	E	F	G	H	I
1			数据汇总表格成绩分布图过程制作						
2									
3		7.2	6.65	7.68	7.16				
4		7.56	7.95	7	7.25		≤5.5		0
5		6.57	5.55	5.65	5.57		5.5-6		4
6		7.25	7.72	7.68	8.63		6-6.5		3
7		8.31	7.25	7.09	7.47		6.5-7		9
8	1.	6.8	6.75	7.39	7.11	2.	7-7.5	3.	14
9		9.16	6.23	6.64	6.59		7.5-8		9
10		7.15	7.17	8.47	7.9		8-8.5		3
11		7.82	6.57	5.86	7.37		8.5-9		1
12		6.32	8.47	6.91	7.64		9-10		1
13		7.65	6.2	7.33	7.19				
14									

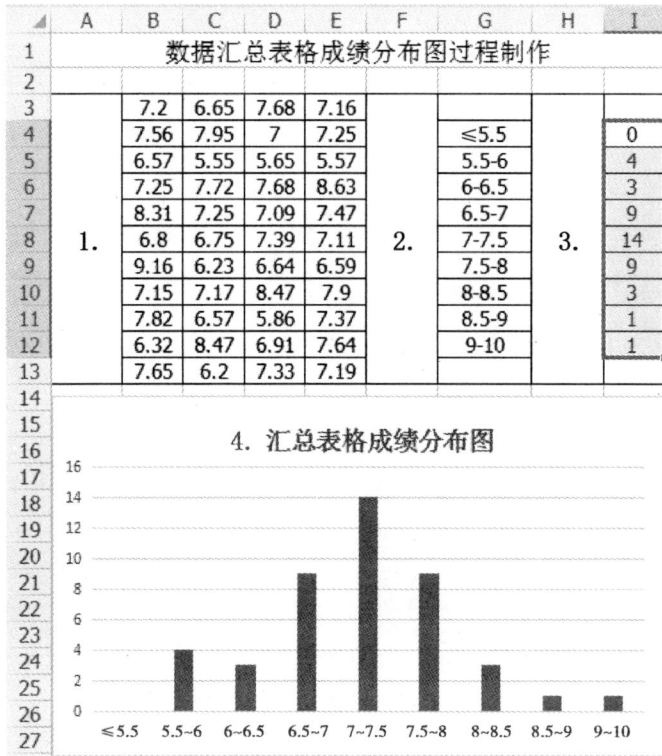

图 1-16　数据汇总表格成绩分布图过程制作

（2）对这些数据进行分段，5.5~9 每段间隔 0.5，可分 7 段，外加 "≤5.5" 和 "9~10"，则共计 9 个数据段。

（3）使用 SUMPRODUCT 函数，分别统计各段成绩内员工的个数，以计算 "≤5.5" 的人数为例，其对应单元格 I4 的运算公式为：

$= \mathrm{SUMPRODUCT}((\mathrm{B3:E13} <= 5.5) * (\mathrm{B3:E13} > 0))$

（4）选定由上步计算得到的数据区域 I4：I12，而后制作对应的 "二维柱形图"。

于是，通过重复上面的操作，便可依次得到 "汇总表格成绩分布

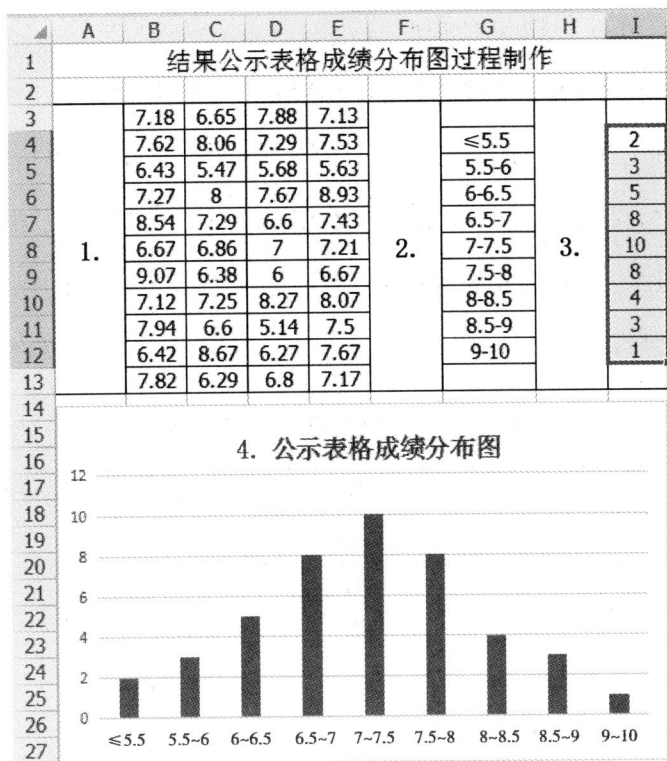

图 1-17 结果公示表格成绩分布图过程制作

图"与"公示表格成绩分布图"。对比此二图，大家很容易就能看出，公示表格的最终成绩分布图会更加具有"正态分布"的特征，而这在一定程度上也正说明，除去无效考评后的员工考评成绩愈发贴近真正的现实状况。

相反，若在实际应用的过程中，由于某些不确定的因素，图 1-12 中出现快速下滑的"折点"较难确定时，我们就可以事先大致判断几个可能的"折点"，而后依据前述的作业步骤，做出不同"折点"所对应的公示表格成绩分布图，而哪个更具"正态分布"的特征，则相应的"折点"便正是我们要找的点。

第二，在此前无效考评数据的分析中就曾提到过，"倒班组四"为存在于员工考评中的一个"小团体"，而比较此班组成员在两表格中的得分，见表1-3，就会发现他们的整体成绩均有大幅的下滑。如此，便进一步说明结果公示表格中去除无效考评后的最终得分会更为真实一些。

表1-3 "倒班组四"得分对比表

部门	岗位	姓名	汇总得分	公示得分
	H	冯一	7.09	6.6
	K	冯二	7.39	7
	K	冯三	6.64	6
倒班组四	L	冯四	8.47	8.27
	L	冯五	5.86	5.14
	L	冯六	6.91	6.27
	L	冯七	7.33	6.8

四、员工互评Ⅱ的完整作业流程与跨考评组互评问题

在前面的两部分我们主要讲解了员工互评Ⅱ中最核心的内容，员工互评Ⅱ的互评表格和考评数据的汇总与处理，接下来就为大家详细介绍一下员工互评Ⅱ的完整作业流程及其中的一些相关注意事项，以及怎样实现跨考评组之间的互评。

（一）员工互评Ⅱ的完整作业流程及相关注意事项

1. 制作员工互评 Excel 表格

在第二部分中，大家所见的员工互评表格只不过是格式较为通用的一个范本而已，故具体应用时，首先要做的还是制作出完全适合自己企业的员工互评 Excel 表格，在此过程中需要注意的问题有：

（1）表格人数多少的问题。

正常情况下，一张理想的员工互评表格中的人数既不能过多，也不能太少，如果人数过多的话，那么，在员工互评时，就极易导致"了解的人找不到，看到的人不熟悉"的情况发生，如此，将严重扰乱员工做考评的正常思维；同时，此种状况下所得的"结果公示表格"也会无比的巨大，该如何将其进行打印与公示，同样也会成为一道难题。而当表格人数太少时，最终考评成绩难免就会出现片面性的问题；更为极端的是，一旦有某些"小团体"存在的话，整个考评的结果很可能会完全由他们来主导。

所以，对于那些规模较大、人数很多的企业来说，我们在制作互评表格时，就不能把所有的员工都集中到一张表格中去。更为合理的办法是，先将大家划分成不同的考评组，再以组为单位进行互评。当然每组的人数亦不能过少，就目前大多企业的管理架构而言，一般以 40～150 人为一组较为合适。

（2）分组的依据问题。

基于前述的问题（1），即当企业的人数较多，需要进行分组考评时，该如何进行分组？有什么固定的依据吗？

我们都知道，员工互评的基础是大家相互之间有一定深入的认知，而对于企业的员工来讲，能让彼此更为了解对方的办法，就是平时经常在一起工作或者在作业的过程中有较强的合作或衔接关系，故在考评分组时，并不是随心所欲的，所有人均应以工作中联系的紧密程度为标准来进行划分。

2. 互评表格的发放

依据考评组划分的不同，待全部的互评 Excel 表格均制作完成后，我们就可以通过当前流行的各种交流软件，将制作的员工互评表格及时、准确地下发给其所对应考评组中的每一位员工。

3. 员工的互评打分

员工在收到 Excel 互评表格后，首先需进行下载、保存，并打开、确认互评表格中的被考核人为本考评组的成员，核实无误后，就可根据自己的时间安排，在规定的时间段内独立完成考评。

此处，值得注意的是，每位员工在考核打分前，需认真阅读互评表格的填写规则，严格本着客观、公平、公正的原则对他人进行考评；而在考评完成时，要检查互评表格的"自我判断区"是否显示"合格"，若为"不合格"，则需根据其下面表格中的提示内容，进行修改，然后保存所做的考评。

4. 互评表格的回收

对于 Excel 互评表格完成后的回收工作，可采取统一发送到规定的电子邮箱的方式，而为了能够方便后面的统计工作，在发送表格前要求员工将文件名按照固定的格式进行重新命名，例如常见的有"部门＋真实姓名"或单独的工号等。但在工作中，重名的情况是经常发生的，而一旦出现，难免会给以后的相关工作带来一些不必要的麻烦，故使用工号给文件重新命名相对更为合理。

5. 互评成绩的汇总

在对互评成绩进行汇总时，主要会牵涉到考评信息的保密问题，而若此项工作不能做到位，导致某些员工知道了具体是哪些同事给他打了较低的考评分数，那么，势必将会严重影响大家在日后工作中的和谐氛围；因此，互评成绩的汇总工作还需安排与考评结果无任何利害关系的人员来完成，具体操作步骤如下所示：

（1）从电子邮箱里下载、保存已完成考核的员工互评 Excel 表格，并打开、确认表格自我判断结果显示为"合格"，而后移动到对应考评组的文件夹里。

（2）待所有互评表格都下载、归类完成后，分别统计、确认各考评组内考评人员的互评表格均已上交完毕。

（3）待上一步确认完毕后，即可按照前面第三部分中"数据汇总作业的具体操作步骤"分别制作各考评组的数据汇总表格了。

6. 考评数据的处理

考评数据的处理工作则主要是指本章第三部分中"考评筛选表格"与"结果公示表格"的相关操作，因为以前的讲解已经足够详尽，这里就不再进行重述，而此步作业的最终目的就是得到各考评组的"结果公示表格"。

7. 考评结果的公示

考评结果的公示，是指将上一步作业完成后，对所得的各考评组的"结果公示表格"进行打印、张贴与公示，接受全员的监督，使每位员工都能够看到全部的考评分数与所有人员的最终成绩，并可以通过"别名"快速查找到自己的考评列，核对自己的考评数据是否正确、属实，有无被篡改。

8. 公示问题的处理

在结果公示的过程中，企业还需安排熟悉整个考评流程的人对员工提出的异议和发现的问题进行及时的解答与处理。如此，方能更加有效地保证考评结果的准确性以及大家对它的认可程度。

（二）怎样实现跨考评组互评

在企业员工人数较多，需要进行分组考评的情况下，有时我们会发现，由于某些原因，并没有办法将所有联系紧密的员工都理想地划分到同一个考评组内，但为了能够让考评成绩更加的全面与准确，此时，就会牵涉到跨考评组之间的互评问题。

以企业中最为常见的机修部门为例，作为服务性部门，其最重要的任务就是负责其他所有车间设备的正常运行，故对机修人员而言，其工作的同事，除了本部门的员工外，还有他们责任车间的员工，所以他们的最终考评成绩也理应由这两部分员工共同决定。那么，在互评的过程中具体应该怎样操作呢？

（1）根据岗位的性质，首先确定出内、外部考评数据的一个大致比例。

鉴于机修属于服务性工作岗位，故外部考评的比例不宜过低，我们可设定为1:1，即当机修部门有40人时，也应该从外部挑选约40人参与到机修的考评工作当中。

（2）挑选外部的参与人员。

在挑选外部的参与人员时，通常所涉及的部门和员工就比较多了，该如何进行挑选呢？一般情况下，其他部门上次评选的优秀员工是最佳的选择，原因是他们的责任心相对更强，故给出的分数也会更加真实。

另外，还有一个可能会遇到的问题是，若其他所有相关部门的优秀人数过多时，则只需挑选其中部分部门的优秀员工即可。

（3）机修部门员工互评表格的发放和填写工作。

基于上述两步的说明，在发放机修单元的员工互评表格时，除了机修员工外，被挑选部门的优秀员工也将会收到此表格，也就意味着这些优秀员工需要填写本部门以及机修单元两份互评表格。

而此处需要注意的是，外部人员在给其他考评组做考评时，知道的情况可能就没有本考评组员工了解的多了，故若原有互评表格右侧的填写规则比较严格的话，就应该做适当的条件放宽处理。

操作到这一步，接下来的表格回收以及后面的其他一些作业就与正常的考评流程完全相同了，因此这里就不再进行赘述。

五、如何正确运用考评的结果

员工互评的结果公示完成后，接下来的工作就是运用考评的最终成绩对全体员工进行"评优选拔"和"末位淘汰"。此步是整个考评工作的最后一步，也是最为重要的一步，如若操作不当，企业考评工作所能起到的作用将会大打折扣，甚至导致我们以前所做的努力全部付之东流。

也许大部分人都会简单地认为：既然有了考评的最终得分，员工的评优选拔与末位淘汰直接按照分数的高低进行划分不就行了吗？否则考评的成绩又有什么意义呢？实则不然，其中的原因如下：

（1）大家所属的部门不同，工作的性质也各不相同，因此，考评出来的成绩在很多部门之间本身就没有可比性；

（2）员工所在的岗位不同，工作环境、作业难度以及工作量的大小等都不尽相同，所以，不同岗位考评出来的整体成绩必然也会存在一定的差异，而直接进行相比的话，也存在诸多的不妥之处。

综上所述，员工考评最后的评优选拔与末位淘汰的工作是不能简单地一味按照考评成绩由高到低的顺序进行的。这时，或许有人就要问：此二项工作到底该如何操作呢？

（一）员工的评优选拔工作

对于员工的评优选拔工作，由于大多数企业在评选时名额相对都是较多的，故可以采用如下的方法进行评选：

1. 首先以岗位为单位进行评选

因为企业在进行岗位划分时，不同岗位的工作环境、作业难度、工作量的大小等方面都不可能分配得非常均衡，总会有相对安逸与劳累的岗位之分。而工作过的人应该都深有体会，在更为劳累的岗位，由于大家的工作环境差、作业难度大、工作量多等因素，不同的员工之间就更容易产生一些不必要的矛盾，故最终的互评分数相应也会变低，但是，在实际的工作中，他们的付出往往却又是最多的。

所以，为了能够最大限度地避免"付出最多，收获最少"的情况发生，更加体现考评工作的公平性与公正性，员工的评优选拔工作首先应以岗位为单位进行评选。

而以岗位为单位进行评选的操作步骤如下：

（1）按照正常评选比例的 2/3 左右计，再结合不同岗位员工的数量，分别算出各个岗位可以评选的人数；

（2）将员工以岗位的不同进行分组，再依考评成绩的高低分别进行降序排列，然后根据上步计算所得不同岗位可以评选的人数，由上到下即可得到以岗位为单位进行评选的人员名单。

2. 以班组为单位进行评选

班组是企业管理中最基本的生产单位，因为班组长管理方式上的差异，不同班组之间整体的考评分数难免也会有所区别，但与其他平行的班组相比，他们所完成的工作任务却都是一样的，故为了保证各班组之间的均衡性，就需要以班组为单位来做进一步的评选。

以班组为单位进行评选的操作步骤如下：

（1）依据正常评选的设定比例，再结合不同班组人员数量的多少，分别计算各班组可以评选的名额。

（2）除去该班组在岗位评选中已被评选的人数，从而得出不同班组在本步评选中实际能够新增的评选名额，然后在班组内未被评选的人员中按照考评成绩的高低依次确定出对应的人选即可。

（3）若在第（2）步的计算中出现了负数，即本班组在岗位评选时的人数大于班组可以评选的名额，则说明该班组的整体实力过强。此时，就可以将多余出来的被评选人员与其他班组同岗位的未评选人员进行调换，从而使其演变成为其他班组在岗位评选时的被评选人员，如此，不但解决了部分班组被评选人员过多的问题，也很好地起到了平衡不同班组之间整体实力的作用。

（4）若第（2）步的计算结果为零，我们则可认为该班组的评选名额在以岗位为单位进行评选时就已经完成，无须再进一步以班组为单位进行评选了。

3. 班组内所有成员都是同一岗位的评选

当班组内所有成员都是同一岗位的情况。以企业中常见的机修和电气班组为例，机修班组全员的岗位都是机修，而电气班组所有人的岗位也全是电气，此时则可把低于正常评选比例的以岗位为单位的评选直接省略掉，将整个评选的过程简化为以班组为单位进行的评选即可。

4. 办公室领导岗位人员的评选

针对办公室领导岗位人员的评选，由于他们的人数本身就不多，而在对应到不同的岗位后，数量则会显得更为稀少，故可考虑将企业中所有考评组里办公室栏的领导全部汇集到一起，再进行评选。

具体的评选步骤如下：

（1）把企业中所有考评组里办公室栏的领导以原办公室为单位全部整理到一张完整的工作表格里。

（2）按照岗位、职责相同或接近的程度，将全部领导划分成不同的若干组，并设置一定的评选比例。接着可参考前面以岗位为单位进行评选的操作步骤，得到各分组评选的人员名单。

（3）上一步的选评完成后，再以原办公室为单位设定相对更高一些的比例进行选评，此步与以班组为单位进行的评选类似，但仅需执行其中的前两步即可。

（二）考评的末位淘汰办法

一般情况而言，与评优选拔的比例相比，企业在进行末位淘汰时的人数相对就非常少了，故自然也就很难再使用与评优类似的方法，而其所对应的淘汰办法是：

1. 计算每个人与本岗位所有员工最终得分平均值的差

以图 1-13 中所示的"结果公示表格"为例，在其右侧的空白区域内选出固定的一列，用于计算其中每个人与本岗位所有员工最终得分平均值的差，为了更具代表性，我们来看一下单元格 C16 内"孙七"的情况，运算的公式以及结果分别是：

$$= ROUND(AL16 - SUMIF(B\$5:B\$48,B16,AL\$5:AL\$48)/$$
$$COUNTIF(B\$5:B\$48,B16),2)$$

$$= -0.33$$

而通过上下拖曳，该单元格中的公式会自动套用到该列的其他单元格上，并计算出相应的数值。这里需要注意的是，因为办公室所有的岗位都为一人，其平均值会与自己的得分相一致，故所得的结果将全部为零。

2. 计算每个人与本班组所有员工最终得分平均值的差

与上一步中所使用的操作方法和运算公式完全相似，通过类推，相信大家都能非常容易地得出本步想要的计算结果。而在此处，稍有不同的是，对于班组内所有成员都是同一岗位的情况，本步运算的结果将会与上一步的数值完全相同。

3. 计算每个人在前两步中所得差值的平均值

本步要涉及的运算相对就特别简单了，所有人应该都没有任何问题，故不再详述。

4. 依据上步计算的结果即可进行最终的末位淘汰

为了能够使末位淘汰人选更加显而易见，首先可将公示表格按照以上计算步骤所得平均值的大小进行升序排列，而从上到下便是最终可以逐一实施淘汰的落后员工名单。

与评优选拔时的原因相类似，因为办公室领导岗位人数上的一些特殊性，若直接使用上述的淘汰办法，就会显得极为不妥；故参考前面评选时所用的方法，可将企业中的全部领导都汇集到一起后，再以上述的步骤进行淘汰，便会合理很多。

说到这里，也许大部分人还是很难明白该淘汰办法具体会有哪些特别独到的优势。下面我们就一起来看一下吧。

（1）能有效解决很多考评分数之间缺乏可比性的问题。

在本部分的开始已提到过，很多直接考评出来的成绩之间本身就没有任何可比性，而采用该办法之所以能有效避免很多岗位以及不同员工考评分数缺乏可比性的难题，是因为差值是每位员工与其周围完全相同或极为接近的人相比较而得到的，故对所有人来说均具有很好的可比性。

（2）利于激发全体员工工作的积极主动性。

本部分稍前的内容里同样也说到，企业在进行岗位划分时，总会有相对安逸与劳累之分，然与较为劳累岗位的员工相比，安逸岗位员工在工作中出错的概率则会更低一些，故他们很容易就能获得较高的考评分数，而若直接以此进行淘汰的话，其便始终可以处于高枕无忧的思想状态，久而久之难免就会失去工作中的原动力。

但在使用差值对员工进行末位淘汰时，大家对比的对象就不再简单地是所有人中条件最为不利的部分群体了，而会直接演变成为与自己同等条件或工作内容完全相同的邻近同事，如此，全体员工在不知不觉中便都有了必要的危机意识，工作中的积极主动性自然也必将会有大幅的提升。

（3）具有更为合理的公平性。

根据上一项中的内容，我们可以看出，对于那些岗位条件不佳的员工来说，要想获得与安逸岗位员工相同的考评分数是非常不易的，故也就意味着他们之间的竞争有失必要的公平性。

然而通过差值的由来，相信大家都会认为其对所有人都是平等的，因此，这也正说明该淘汰办法具有更为合理的公平性。

六、员工互评Ⅱ的优势

在本章第一部分中，我们曾重点讲到，目前企业考评制度中最主要的两种是绩效考核制度和员工互评制度，故关于员工互评Ⅱ的优势，接下来将采用分别与此二者进行对比的方式来加以说明。

（一） 与绩效考核制度相比，员工互评 II 的优势

1. 考评的最终成绩更加真实、准确

绩效考核的成绩主要源于单独的直接领导，但在工作中领导真正与员工相处的时间毕竟十分有限，并不能深入去了解其中的每一个人，从而导致领导给员工打的绩效考核成绩更多是比较感性的"印象分"。

而员工互评 II 的最终分数是由大量在一起工作的同事首先进行互评，然后将所有的互评成绩进行汇总，并加以去伪存真的综合运算而得到的，且相比领导对员工的了解，同事与同事之间的认知更为深入、全面，故最终的互评成绩也将会更加真实、准确。

2. 考评作弊的可能性几乎为零

在实际的生产管理中，一般都会有几个喜欢"搞关系"与"抄近路"的人存在，而绩效考核过程中的很多内容并不具备公开性，且其中的不少考核标准模棱两可、难以界定，从而导致绩效考核的成绩难免会有一些"作弊"的情况发生。

然而由本章如图 1 - 13 所示的"结果公示表格"可以看出，在员工互评 II 中，除了员工的真实姓名是保密的之外，其他考评数据均处于完全公开的状态，接受全员的监督，因此，其结果基本不存在任何作弊的可能性。

3. 有利于约束全员的所作所为

在绩效考核制度中，领导决定着员工的最终考核成绩，但员工却丝毫无法影响到领导的考核分数，从而造成领导与员工之间的严

重不对等，如此，就极易滋生本章第一部分中所述的各种腐败现象，并会导致企业中舍本逐末的人越来越多。

但员工互评Ⅱ中，领导与员工的考评全部在一起，所有人之间都是完全平等的，均没有任何特权可言，这样，对全员来说要想获得一个较高的考评成绩，就必须约束好自己日常的所作所为，进而利于大家转变以往的作风问题，将全部精力都投入所属的本职工作当中去。

4. 有助于团队合作精神的形成

在本章第一部分中同样也说到了绩效考核制度不利于团队合作的难题，而之所以会出现此问题，最主要的原因就是绩效考核制度中，大家的考核成绩与其他员工之间是没有任何联系的。

而在员工互评Ⅱ中，每位员工最终的考评分数完全是由其周围的同事所决定的，此种状况下，所有人都将非常注重与自己团队里的每一个人始终保持工作上的良好合作关系，于是团队合作的精神也便有了基础，并会随着时间的推移日益变得根深蒂固。

5. 考评的过程更加务实化

与绩效考核制度相比，员工互评Ⅱ操作中更加务实化的地方具体有：

（1）将领导在严格按要求操作的前提下不可能独自完成的考核工作，转化成一项由大家共同参与的员工互评方式而轻松解决；

（2）绩效考核的成绩是由诸多考核项目分别打分后相加而得，但由本章第一部分中的论述可知，此种评分方式却并不一定能够得出理想的考评结果，故在员工互评Ⅱ中，便采用了更为简捷、高效的一次性直接给出一个总的综合评定分数的方式来为每位被考核人进行评分；

（3）员工互评Ⅱ中，从开始的"互评表格"到最终的"结果公示表格"及其中间的每一个环节，使用的都是 Excel 电子表格，与绩效考核制度相比，数据的处理速度和准确率均将会有大幅提升。

（二）与当前员工互评制度相比，员工互评Ⅱ的优势

1. 避免了大量错误考评数据的产生

当前的员工互评制度中，大家要对互评表格内的每一位被考核人进行考评打分，于是就难免会有大量的错误考评分数混杂在其中，进而严重影响到最终的互评成绩。

然而员工互评Ⅱ中，在员工互评表格的填写规则里有明确规定，要求员工仅对自己有深入了解、认识的人进行考评打分，并将可以考评的人数比例限制在一定的范围内，如此，不但从根本上避免了大量错误考评数据的产生，还有效降低了员工考评时的作业任务量。

2. 能有效去除考评中的伪数据

在本章第一部分中，关于当前的员工互评制度同样也说到了伪数据的问题，而这也是所有考评制度都无法完全根除的一个难题。

但员工互评Ⅱ为能最大程度地去除考评过程中可能出现的各类伪数据，共计采用了如下两种应对的措施：

（1）在数据汇总后，首先通过计算与比较，将考评中准确率过低的一些数据组悉数去除掉，而这些数据组恰恰也正是大量伪数据的集中藏身之地（可详见本章第三部分中"考评筛选表格"

的相关内容）；

（2）在计算每位被考核人的最终得分时，使用 Excel 表格中的 **TRIMMEAN** 函数，将其中的部分最高分与最低分去除掉，如此在一定程度上，也能有效减少伪数据对最终考评成绩的影响（可详见本章第三部分中"数据汇总表格"的相关内容）。

3. 高效的评分方式

与绩效考核制度中的评分方式如出一辙，当前员工互评制度里的互评分数也是由诸多的考核项目分别打分后相加得到。

而员工互评Ⅱ所使用的评分方式中，全部被考核人的分数都是一次性给出的，且大家只需对自己了解、认识的人进行评分，这将极大减少时间的浪费，进而大幅提高员工在互评时的作业速度。

4. 考评数据具有更好的公开性

在稍前与绩效考核制度进行比较时便说到，员工互评Ⅱ中，除了员工的真实姓名是保密的之外，其他的考评数据全部都是公开的。但由本章第一部分中表1-2所示当前员工互评的表格可以看出，因为该表的结构问题以及数据过多，所以要公开其所包含的全部考评分数，根本就是一件不可能的事情。

七、员工互评Ⅱ的作用

通过前面的内容，想必大家对员工互评Ⅱ都已有了一个相对全面、深入的理解和认识，而本部分我们要重点介绍的是此考评方式的作用具体有哪些。

1. 为企业选人、用人提供必要与可信的依据

自古便有"世有伯乐，然后有千里马。千里马常有，而伯乐不常有"的论述，从中也不难看出，世上真正缺的并不是"千里马"，而是"伯乐"。就目前来说，企业在选人、用人时存在的情况同样如此，实则员工中并不缺乏优秀人才，只是没被有效地"评选"出来罢了，故最大的问题就是使用的考评制度出了问题，而本章第一部分所述两种考评制度中的种种缺陷和不足便是很好的证明。

综观员工互评Ⅱ，其考评的成绩不但真实、准确，而且不存在任何作弊的可能性，不难看出，这也正是以往企业在选人、用人时所缺少的必要与可信依据，若能正确、合理地运用这些考评数据对员工进行评优选拔，那么，企业领导队伍的质量必定会有翻天覆地的变化。另外，采用该方法选拔出来的领导，大家对他们的认可度也会更高，于是工作中聚气凝力的作用亦会更强。

2. 能有效发现企业中的害群之马与浑水摸鱼之徒

总的来讲，无论是害群之马，还是浑水摸鱼之徒，对企业的正常成长和长期发展都是极其不利的；不少人应该也都知道"害群之马"成语的来历，而其结尾部分的描述是这样的，少年说："治理天下，跟牧马有什么不同的地方呢？也就是去除其中危害马群的劣马罢了。"黄帝听后，叩头至地行了大礼，口称"天师"而退去。

说到这里，透过黄帝的举动，想必大家都能深刻感觉到此类不良之人对集体的危害到底有多严重，以及将他们彻底清除的必要性。但在此之前，却有一件更为重要的事情，那就是：如何才能有效地

发现他们的存在？

工作中，一个人的好坏对其周围同事的影响是最直接的也是最大的，故在对他进行评判时，其同事也更具有发言权，而这也正是员工互评Ⅱ的核心思想所在。但在使用绩效考核制度对员工进行考评时，企业中的害群之马与浑水摸鱼之徒却是很难被发现的，其中的原因主要有：

（1）实际工作中，领导与员工直接共事的机会可以说是极其稀少的，另外，在遇到领导时，企业中的多数不良之人还是非常善于伪装的；

（2）对于企业中的各类不良之人，若以绩效的高低进行考核，鉴于他们一般都具有相对自私、不顾大局的特点，其难免就会将自己的绩效看得高于一切，甚至为此去做有损他人和集体利益的事情，故大多数情况下他们的绩效都并不低，且有时还会非常的高。

3. 有助于创建和谐的人际环境

缺乏和谐的人际环境往往是很多企业发展中影响最大的一个问题，而在员工互评Ⅱ中，因为所有人的考评分数之间均存在着相互制约的关系，故在平时遇到问题时，大家也都会尽量采用协商的方式进行解决和处理，从而能够最大限度地避免各类不必要矛盾的产生，如此，企业中和谐的人际环境便会逐渐形成，且还会附带有如下的益处：

（1）员工之间没有矛盾，大家工作的过程中就不会存在内耗，而企业的生产效率自然也会有大幅的提升；

（2）很多优秀员工的离职都是因为工作环境不顺心造成的，而大家的和谐相处，将能有效降低企业员工的离职率。

说到这里，很多人可能会担心"大家都把精力放在人际关系上"的问题，其实，若是正当的人际关系无论多少都不足为惧。而我们最怕的是不正当关系，但它产生的基础是某些人有权或有势，且自己又缺乏必要的自制力，而员工互评的主体是基层员工，他们基本都没有所谓的权和势，故也就很难存在不正当的人际关系，工作中当别人帮助自己时，自己能做的也只是尽可能地去帮助他人，进而有助于员工整体作业效率的提升。而对于那些比较自私的人，大家都会避而远之，考评时自然也不会给予较好的考评分数，故末位淘汰时便可将其淘汰出局。

另外，在员工互评方式基础之上评选出来的领导，既然能得到大家的公认，则说明其相对更具自制力，能秉公办事，故也就意味着他能最大程度地避免各类不正当人际关系的发生。

4. 提高员工的自觉性

与上一项中的原因类似，由于员工互评Ⅱ中，所有人最终的考评成绩都是由其周围同事决定的，因此在工作的过程中，员工之间很容易就会形成一种监督与被监督的关系，而与领导的监督相比，此种监督的方式则会更加直接有效，理由如下：

（1）员工与员工之间的监督几乎是不间断的，连续性强，有员工的地方就会有监督的存在；

（2）大家工作的内容基本相同或具有一定的衔接性，故一件事情完成得如何，时时刻刻都会被其他人很好地觉察到。

于是，在上述情况下，员工为了能够获得一个较好的考评分数或者不被淘汰出局，其工作中的自觉性不由自主地就会发生质的飞跃。

5. 平衡领导权力，促进务实的工作作风

此项要讲的内容和上一部分中员工互评Ⅱ与绩效考核制度对比的第3项优势"有利于约束全员的所作所为"基本相一致，故我们这里就不进行重复的叙述。

6. 发现企业管理中可能存在的问题点

通过员工互评Ⅱ得到的"结果公示表格"，其中包含了大量的考评数据，除了用于正常的评优选拔和末位淘汰外，在本章的第三部分中就讲到了其还具有发现企业内部"小团体"的功用。不仅如此，若能正确、合理地加以分析和利用，这些数据还可帮助管理者们有效发现自己管理中可能存在的其他更多的问题点。

例如，我们可将考评数据按照岗位的不同进行分组，然后对比不同分组整体的考评分数，若某个岗位的成绩比其他所有的岗位始终都低出很多，那么就说明与其他岗位相比该岗位在日常生产中存在的问题最多，从而造成其员工之间的相处并不是很和谐，故考评时互相给出的分数也普遍较低，于是以后就需要更加注重对该问题点岗位的管理工作。

以此类推，大家同样可以将员工互评的成绩按班组、车间等不同的类型来加以分组，再进行相互的比较，即可找出当前企业管理中可能存在的其他一些问题点。

另外，在制作员工互评表格时，也可增加员工对企业管理、个人工资等方面满意度的评分栏，如此，每次考评的过程中，都将会获得一组有关员工对企业相关方面满意度的调查分值，而分值的变化非常有助于我们快速找到企业发展中亟待解决的一些问题。

7. 有利于企业快速实现全员参与的管理模式

全员参与的管理模式可以极大地提高员工在工作中的积极能动性与创造力，以及他们对自身工作的满意程度，并非常有利于团队工作的顺利开展和企业整体运作效率的大幅提高，故现代企业管理中，其正在为越来越多的人所重视。

员工互评Ⅱ在考评的过程中，充分体现了全员参与的管理理念，改变了以往领导与员工之间泾渭分明的现状，让员工切实拥有了一定的企业管理权限，而此又为员工在企业管理的其他方面全面、快速地实现全员参与创造了良好的条件。

第二章　制度管理

俗话说：没有规矩，不成方圆。在企业管理中同样如此，要想实现生产快速、高效的正常运转，就必须建立起一套完整的管理制度来对所有的生产要素加以合理的约束，故本章我们要说的也正是与制度管理相关的一些内容。

一、制度管理与人为管理

（一）制度管理与人为管理简介

1. 制度管理

关于制度管理想必大家都不陌生，其主要是通过不断制定并完善各项管理制度来保障企业正常运行的一种管理方法。就管理制度的类型而言，其可大致划分为以下两种：

（1）与国家法律、法规相关的规章制度，重点包括劳动合同管理、工资管理、社会保险福利待遇、工时休假、职工奖惩等的劳动管理规定；

（2）岗位、作业性管理制度，是指企业为规范自身建设、加强成本控制、维护工作秩序、提高工作效率、增加公司效益以及企业品牌影响力等，而制定的管理人、机器、环境等之间关系的各项内部制度。

这里，因为与国家法律、法规直接相关的所有规章制度对每家企业来说都是完全平等的，且又是极难改变的，故本章就不再做过多的介绍，而以下所涉及的相关内容则主要是指企业内部的岗位、作业性管理制度。

2. 人为管理

了解完制度管理，与之相对应的就是人为管理，但提及人为管理，或许大部分人的第一感觉是落后、不合时宜，且存在诸多的弊病等。然而情况却并非如此，很多人之所以会有这样的想法，是因为他们把人为管理与人情管理混为一谈了；其实，二者之间并没有任何直接与必然的联系，它们具体的含义分别如下：

（1）人为管理指的是企业在生产的过程中难免会遇到现有制度无法解决或管理不到位的情况，此时，对于存在的问题就需要进行人为的协调与处理，而这一完整的过程即为人为管理。

通常来讲，人为管理是一个中性词语，尽管其在应用时会比较容易出现一些不足之处，但它却是企业管理中不可或缺的一种管理方式。

（2）人情管理一般是指企业领导不以存在的制度作为根据，而更多依靠自己的情感、个人的好恶以及与他人之间的关系来进行问题处理的一种管理形式。

但在实际操作的过程中，因为人情管理缺乏必要的科学依据，做事全凭主观臆断，故最终的结果也就很难有任何的公平与公正性可言，而这也正是很多人并不认可它或对其不以为然的最重要原因。

（二）制度管理与人为管理之间的关系

关于制度管理与人为管理之间的关系问题，由前面人为管理的定义不难看出，人为管理是制度管理的有益补充，多应用于处理制度管理中无法解决的一些问题，此外，二者还有如下几种相关的联系：

（1）在企业管理的初始阶段，当各项制度还不是十分完善的时候，人为管理会起到主导性的作用。

（2）随着管理制度的不断健全，过去很多需要人为管理的地方，现在都有了相应的解决办法与依据，于是人为管理的内容就会日益收窄，而制度管理便会逐步在企业管理中占据首要的地位。

（3）企业管理的核心实际是将人为管理的内容不断进行制度化，逐步实现由人为管理到制度管理的一个转变过程，而其中的具体原因则可参看接下来第（三）部分中的解释和说明。但在这里需要注意的是，制度管理永远不可能完全取代人为管理，因为无论制度建设得多么完善，管理中都无法完全避免会有未曾出现过的新情况发生。同时，管理制度的建设与完善工作也都离不开人为管理的参与。

（4）制度管理与人为管理共同组成了一个完整的企业管理系统。

（三）现代企业管理中为什么要实现由人为管理到制度管理的不断转变

1. 可以无限放大的管理能力

在人为管理中，无论一个人多么优秀，但终归都是有限度的，随着企业的不断发展与壮大，总会有突破到他管理能力范围之外的时候；另外，人都是要休息的，而很多企业的运行却是连续不间断的。

然而若使用制度管理，管理者就可以像程序员给计算机编写指令控制其自动运行一样，通过不断制定和完善各项管理制度来实现企业的自行操控和运转。当今社会，相信大家都十分清楚编程计算机的无限强大功能，而制度管理同样如此，管理者为企业制定的各项管理制度正如程序员给计算机编写的不同指令，故不论企业如何发展壮大，管理制度总能将其控制得有条不紊、井然有序。

2. 解放领导

在人为管理阶段，领导要对所有的工作负责，而员工做事的唯一依据就是领导的指令，故无论大小事务，即使非常简单、经常重复的作业，也需首先得到领导的确认。可想而知，此种状况下领导的工作内容将会是何等杂乱无章，其精神状态又是多么疲惫不堪。

而一旦进入制度管理阶段后，员工的日常工作基本都有了既定的明确规定，只要按部就班地作业即可。因此，也就无须领导过多的直接参与，而领导便可从以往日常的琐事中彻底解放出来。

3. 轻松员工

由上一项中的内容可知，人为管理状态下，领导的工作是极其杂乱无章与疲于奔命的，故在给员工安排任务时，难免会有如下的情况频繁发生：

（1）工作安排不到位，在员工完成作业却发现做错了的时候，不但要赶时间返工重做，领导的批评也是在所难免的。

（2）任务分配不合理，部分员工的作业很快就能完成了，而有的员工必须十分努力才能勉强完成任务，可谓是闲的闲死，忙的忙死。

（3）因为领导一直很忙，然而工作中的很多事情员工都要请领导确认，故有时就需等待很久，从而非常容易造成大量时间的浪费，而为了能够完成既定的任务，后面的工作必定是特别仓促的。

但采用制度管理的时候，理由与上一项完全相同，因为员工的所有工作基本都有了明确的规定，均无须领导过多的参与，故上述的几种常见问题也就很难再次出现，而员工的工作相应也必将会轻松很多。

4. 提高员工的工作效率

由前面第 2、第 3 项分析可知，制度管理把领导解放出来后，针对以往管理工作中存在的诸多不足之处，领导就可以拥有充足的时间去制定更为合理的员工作业管理制度，以及监督员工及时发现其工作中的错误，从而最大限度地避免很多不必要的返工作业。同时，制度管理也将员工从事事依靠领导的工作方式中解脱出来，让员工有了更为可靠、高效的做事依据。而前述的这些影响因素都能大幅提高员工在作业中的工作效率。

5. 稳定性与持久性

世界上任何存在的事物都是相对稳定的，且若要长期存在，就必须持久地稳定；对于一家企业来说，同样也是如此，而其中最关键的问题便是管理。与人为管理相比，制度管理相对则更具有必要的稳定性与持久性，因为制度一旦确定下来后，就不易出现朝令夕改的情况，也不会由于领导阶层的变动而消失或不见。所以，这也是我们要将人为管理的内容不断进行制度化的一个重要原因。

二、现代企业制度管理中常会遇到的一些问题

现代企业管理中，越来越多的人都已能够完全认识到制度管理对企业发展的重大作用，尽管如此，在实际应用和操作时往往又会遇到如下一些常见的重点问题：

1. 对制度管理的认识不足

企业管理中所谓的制度管理，必须同时具备以下两点方能被称为真正意义上的制度管理：①健全的管理制度；②全员按章办事。

但在执行的过程中，很多人却都简单地认为只要有管理制度就属于制度管理，所以现实中并不乏以下两种自诩的"制度管理"型企业：

（1）管理制度都不健全的企业。

此类企业的管理制度，经常只具备"与国家法律、法规相关的规章制度"，而有关企业内部的岗位、作业性管理制度则是少之又少。

（2）不按章办事的企业。

与上类企业相比，这类企业虽然会拥有相对健全的各项管理制度，但在落实时管理者却认为制度是自己制定的，故其就可以凌驾于制度之上，做事仍以自己的意愿为主。

2. 制度的制定脱离实际

企业的各项管理制度一般都是由领导或办公室人员制定的，但在此过程中，他们作为管理者大都会觉得自己对企业实际状况的了解要比员工清楚很多，而即使有不知晓的地方，也很难放得下面子做到不耻下问，故可想而知，最终的管理制度难免就会存在诸多不切实际的地方。

3. 缺乏对管理制度自身的管理

企业的正常运行需要制度来管理，但在管理的过程中，很多人却都忽略了或未能意识到，管理企业所依靠的制度同样也需要进行管理，而主要问题有以下四个方面：

（1）缺乏负责管理企业相关管理制度的人员或部门；

（2）各项管理制度的内容，不能跟随实际情况的变化及时做出适当的调整，从而造成企业中有大量不合时宜的问题制度存在；

（3）企业制度体系是由不同的管理制度胡乱堆积而成的，而制度与制度之间也缺乏必要的关联与逻辑；

（4）不同部门的管理制度各成一家，各自独立，出现冲突的状况时有发生，却又无人协调或处理。

4. 企业领导未能清楚地认识到制度管理中自己的核心工作所在

当企业管理由人为管理进入制度管理阶段后，领导的核心工作将转变为如下四项内容：

（1）监督员工的作业；

（2）发现管理工作中存在的不足；

（3）不断完善管理制度，并尽可能将当前需要人为管理的地方进行制度化；

（4）处理暂时未能或无法制度化的管理内容。

但在实际的管理中，很多企业领导却并不清楚自己在制度管理中的核心工作具体有哪些，故依旧重复着其在人为管理阶段的工作内容，而忽略了作为管理者最应该做的事情。

5. 基层管理中存在不愿将工作内容进行制度化的情况

在将工作内容进行制度化的过程中，总会有部分人员对此推三阻四，还会找些冠冕堂皇的理由说：制度化后的管理会比较死板，而员工各司其职也不利于他们之间的团队合作，等等。

上述情况的主要原因是由于制度化后，大家工作任务的划分将非常明确，责任也更加清晰，故那些喜欢在共同劳动中偷奸耍滑、浑水摸鱼的人也就没有了可乘之机，因此，一般也正是这些人特别不希望自己的工作被制度化。

6. 不注重制度的人性化原则

很多企业在落实制度管理的过程中，大都不注重制度制定的人性化原则，而非常普遍的一个通病就是：所有管理制度的规定只会是越来越严格，却从不考虑员工执行时的难度问题，这势必严重影响到员工在工作中的积极主动性。另外，当制度的可执行难度超过员工能够接受的极限程度时，其就不可能再像机器一样始终严格按照既定的管理规定来做事了，此种状况下难免就会出现适得其反的管理效果。

7. 员工出错时的处理方法错误

企业管理中，员工难免会有出现错误的情况，这时大多数领导会气急败坏地把责任完全推到员工身上。但事实上，工作中的很多差错都是因为某些管理制度的不合理而引发的，若我们只是一味地将原因归咎于人的影响因素，那么同样的错误在以后的工作中必定会重复发生。故在员工出错时，大家首先更应该考虑相应的管理制度是否存在瑕疵，而对于已经发生的问题，一般来说员工会比领导更加清楚真正的原因所在，因此处理问题也应该在认真聆听员工的意见后再做出最终的决定。

8. 缺少有效的监督

无论多么完美的企业管理制度，在缺少必要的监督时都会如同废纸一般。所以有效的监督是每项管理制度都必不可少的一个重要组成部分。但在实际管理的过程中，不少人对于监督存在的意义一知半解，甚至也不知道具体该如何才能做好企业的监督管理工作，可想而知，此种状况下制度所能起到的作用也必将会大打折扣。

另外，关于监督的更多内容，将会在第三章中做进一步的全面论述，这里就不再做过多说明。

三、怎样才能落实好企业的制度管理工作

单从"制度管理"的字面意思就不难看出，其中的"制度"是最为核心的部分，因此要想落实好企业的制度管理工作，最关键的就是要掌握一些有关制度的制定、判定标准以及有效管理等方面的知识。

（一）如何制定好的企业管理制度

对于如何才能制定出好的企业管理制度这个问题，大家需要着重做好以下两方面的工作：

1. 员工的参与

企业在制定各项管理制度时，领导对制度整体内容的把握大都是没有问题的，但在某些关键性的细节规定上或许就没有一线员工了解得更为深入了，而"细节决定成败"的道理相信大部分人都早已耳熟能详，故这里就不再重复。

因此，员工的参与是企业在制定相关管理制度时必不可少的重要一步。另外，员工的参与可以极大地提高他们对管理制度的认可程度，且员工对制度规定的了解也会更加清晰明确，故实际执行过程中的问题数量也必将会大幅减少。

2. 制度的监督与不断完善

企业在制定相关的管理制度时，是极难一次性做到位的，而无

论当时的管理效果是多么的完美，随着时间的推移，生产中的很多要素都在不断地发生着改变，以前制定的制度或许就会逐渐变得越来越不合时宜。

所以企业应时刻做好各项管理制度的监督工作，及时发现其中可能存在的问题或者不足，进而对相应的制度做出适当的调整和修订，如此，制度才能真正发挥出其在企业管理中的最大作用。

（二）判定管理制度是否合理的标准

企业中的很多管理制度之所以没有被很好地执行下去，绝大多数都是由以下八种情况引起的：

（1）不同的管理制度之间有冲突存在；

（2）缺乏员工的参与，而员工对制度的认可程度比较低；

（3）制度言语晦涩难懂；

（4）制度规定不具体或有漏洞；

（5）可操作性不强；

（6）执行过程中有失公平、公正性；

（7）缺少必要的监督；

（8）没有奖惩的规定。

因此，企业在制定相关的管理制度时，就要尽量避免上述的几个问题，而相应地，判定一个制度是否合理的标准则主要有以下八项：

（1）系统性。

企业中的任何一个管理制度均不是孤立存在的，都必须与制度体系里的其他制度保持一致，不能存在有冲突的地方。

（2）员工的参与和认可程度。

员工的参与能有效减少管理制度中可能存在的问题和潜在的漏洞，因此制度规定相对就会更加合理，而员工对它的认可程度自然也会非常高。否则试想，若制度本身存在诸多的问题，大家都不知道该如何去执行，那么它也就不可能得到众人的认可。

（3）语言简明扼要。

制定管理制度时，不能因为个人的喜好而使用一些比较生僻、晦涩难懂的词汇，制度语言的描述越是简明扼要、通俗易懂，员工对制度的理解就会越加清晰、深入，如此，执行的过程才会更加顺利。

（4）制度规定具体、详尽。

只有制度内容规定得足够具体、详尽，且又不存在漏洞，员工对制度的理解才不会有异议，而最终的结果也不易出现偏差。

（5）可操作性。

可操作性是指员工执行一项任务的难易程度，若无法完成则说明该任务不存在任何的可操作性；对于一个制度而言，没了可操作性，也就失去了存在的意义。因此，制定制度时首先要考虑的便是它的可操作性，最好能在制度中注明具体的操作方法。

（6）规定的公平性与公正性。

"不患贫而患不公"，制度规定的公平与公正性重点包括两方面的含义：一是不同员工的作业任务量，二是对所有人的奖惩办法。

（7）有效的监督。

在本章的第二部分就有提到，有效的监督是企业每项管理制度都必不可少的一个重要组成部分，这是因为如果没监督就不可能发现执行过程中存在的问题和不足，于是管理制度也始终无法得到完善。

（8）奖惩的办法。

管理制度中，只有明确规定了奖惩的办法，才能有效保证制度的权威性，进而更加有利于约束和督促员工严格按章办事。

（三）企业制度的有效管理

提及管理，大家一般能想到的对象都是具体的事物，实则不然，因为在上一部分里我们就说到过企业中的各项制度同样也需要进行管理。而有关管理的办法，针对具体的事物多可采用 6S 管理，但对于制度来说，此法明显就有些行不通了，然而其却也有适合自己的管理方式：ECRSI 分析法[①]。

在对企业制度实施管理时，大致的操作步骤如下：

首先，需成立专门的机构或指定相关的人员将企业各部门的管理制度汇集到一起，构成一个整体。

其次，便可采用 ECRSI 分析法对前述制度整体中的每项管理制度进行逐一的分析和处理了。ECRSI 即取消（Eliminate）、合并（Combine）、重排（Rearrange）、简化（Simplify）、增加（Increase），更为详细的解释如下：

（1）取消：分别对企业的每项管理制度进行单独的评判，确定

---

① ECRSI 分析法，原本是工业工程学中程序分析的五项原则，主要用于对生产工序的优化工作，以实现企业更高的生产效率，而在后面的第五章中，即有关于该分析法的此类相关用途。但这里，当我们把其中的内容稍加改编后，却发现它也能很好地应用在对企业制度的管理当中。

其是否还有存在的价值，将有冲突、重复、不合时宜的管理制度有选择地或直接全部取消。

（2）合并：对于不能取消的企业管理制度，则可考虑将其中管理内容相似或接近的企业制度进行合并，或分解后再合并到其他的管理制度中。

（3）重排：依据不同管理制度之间的联系，将企业的全部制度进行重新编排，改变以往企业制度体系是由不同的管理制度胡乱堆积而成的现状。

（4）简化：经取消、合并、重排之后，接着再对管理制度作进一步的整体分析，让制度内容尽量简化，语言的描述更加简明扼要、清晰易懂。

（5）增加：对现有企业制度管理不到位或不健全的地方，要不断建立新的管理制度和逐渐完善已有的管理规定。

最后，依据实际状况确定出一个固定的时间间隔，以后每到规定时间，不断重新对所有的企业制度进行 ECRSI 分析即可。

四、制度管理案例分析

案例一：

某连续性生产企业，运行采用四班三倒的 8 小时工作制度，车间有生产线两条，其中一道工序是由完全相同的 4 台 F 设备并行构成的，两条产线则共计 8 台，每台 F 设备可以输出的最大工作能力为 1 单位/小时，而每条产线的正常生产流量被设定为 3.4 单位/小时，因此，生产运行时，全部的 F 设备需同时工作，每台设备的工作输出约为 0.85 单位/小时。

在企业生产的前两年 F 设备极少出现问题，但随着设备的不断磨损、老化，从第三年开始，F 设备内部一重要部件 k 逐渐变得比较容易受损，而 k 部件的损坏虽不会影响到 F 设备的正常运转，但却直接决定着最终产品的出厂质量。因此，为保障企业的产品质量，公司领导就决定要定期停机检查 F 设备的 k 部件。而单台设备检查的作业步骤大致如下：

（1）F 设备的停机、断电。

（2）拆开 F 设备检查 k 部件的状况。

（3）若 k 部件完好，则可直接回装 F 设备；若 k 部件受损，则需先将损坏的 k 部件拆除，更换成新部件后才能回装 F 设备。

（4）F 设备回装完成后即可送电、开机。

附加说明：

在 F 设备的检查过程中，若 k 部件完好，从检查停机到完成开机的耗时约为 0.5 小时/台；若 k 部件受损需要更换，则整个检查作业过程的耗时将会变成 2 小时/台。

以上述情况为背景，便有了下面领导制定的一系列"定期检查 F 设备 k 部件"的制度管理规定，而最早出现的便是"制度 1.0"。

制度 1.0：

鉴于车间目前生产的实际状况，为保障公司产品的出厂质量，现对 F 设备 k 部件做如下定期停机检查的管理规定：

每月 30 日检查一次，早班 2 台，中班 3 台，夜班 3 台，轮休班组不参与检查；若检查发现 k 部件有损坏，需立即更换，否则将按公司相关规定予以惩处。

执行结果：

（1）当时制定该制度的时间已接近年底，很快就到了 2 月，没有 30 日。此时，问题就来了：该何日进行检查作业呢？也许会有人说：2 月的最后一天或 3 月 1 日不是都可以吗？但对于倒班的人来说日期的不同大家的班次也是不一样的，依据制度规定，不同的班次又决定着一个班组检查 F 设备的个数也是截然不同的，可能是 2 台、3 台或者 0 台。

然而，所有人都不愿意多干活，就这样 2 月底 F 设备就没有进行停机检查。于是在 3 月的检查中，k 部件损坏的 F 设备一次更换了好几台，可想而知，在此期间公司产品的质量状况究竟如何。

（2）从事过企业生产的人应该都知道，设备是否需要维修大都可以通过设备运转时的声音、上次维修的时间等因素做一个大致的判断，尽管不是百分之百的可靠，但还是有一定准确率的；而 F 设备 k 部件是否损坏，同样也有一定的规律可循。

于是在该制度的执行过程中逐步就有了如下的新情况：每月 30 日第一个检查的班组基本都是停机检查，k 部件很少有损坏的情况；第二个班组检查的情况也基本如此；但对于第三个检查的班组来说情况就完全不同了，k 部件极少有不损坏的情况，而且大部分是 2 台，有时甚至是 3 台。

　　原因想必大家都已想到了，前两个检查的班组通过大致判断，可以挑选那些 k 部件损坏可能性小的 F 设备进行检查，而最后检查的班组就没得选了，且剩余 F 设备 k 部件的损坏可能性还都比较大。

　　（3）基于上述执行结果第 2 项中的情况，30 日上班的班组没有愿意最后一个检查 F 设备的，于是有些班组就开始提早一天把本该 30 日进行的检查给完成了。随后，如此的明争暗斗便在不同班组之间拉开了序幕，并愈演愈烈。

　　另外，因为在检查 F 设备的过程中，当要更换 k 部件时需作业 2 小时，而不更换的情况下则仅需 0.5 小时，如此巨大的时间差导致前两个检查的班组有时即使发现 k 部件受损需要更换也会置之不理，而是立马回装，就当自己没检查过此设备，再额外多检查一台好的设备，把没问题的设备做好记录，前面有问题的设备就可留给后面的班组处理。

　　（4）由前面第 2、第 3 项的执行结果可知，最后一个检查的班组非常容易出现一次要更换 2～3 台 F 设备 k 部件的情况；此种状况下，该班组员工单处理 F 设备就需要 4～6 小时，而一个班次的总时间也才 8 小时，且整个生产系统仍在运行当中，还有大量的其他工作要做。

　　因此，为了能够在上班期间顺利完成所有的工作，大家就不得不干些"投机取巧"的事情，例如：本来 F 设备 k 部件更换的正常作业时间为 2 小时/台，而部分班组的员工却可以做到 1 小时/台，如此的作业速度，是不可能会有人再去关心更换的质量问题的；故接下来的一段时间，k 部件每次更换的数量都在迅速增加，约半年后，每月一次的检查中，k 部件更换的个数已经由最初的 1~2 台攀升到了 4 台左右。

在制度 1.0 执行近一年的时候，部分员工实在无法继续忍受如此执行的结果，就主动找领导说明了制度执行的实际状况，要求修改检查管理制度。所以接下来便有了新的管理规定"制度 1.1"。

制度 1.1：

鉴于车间目前生产的实际状况，为保障公司产品的出厂质量，现对 F 设备 k 部件做如下定期停机检查的管理规定：

（1）每月 1 日、15 日检查两次，早班 1#线 1、2 号设备，中班 1#线 3、4 号设备与 2#线 1 号设备，夜班 2#线 2、3、4 号设备，轮休班组不参与检查。

（2）检查发现 k 部件若有损坏需立即更换，否则将按公司相关规定予以惩处。

执行结果：

（1）制度 1.1 将检查的日期由每月 30 日，更改为每月 1 日、15 日，有效地避开了 2 月没有 30 日的问题；而检查的频率也由每月一次调整为每月两次，比较适合当时 F 设备 k 部件每次检查更换个数较多的实际情况。

（2）制度 1.1 将每个班次检查的设备编号对应地固定下来，设备检查的分配问题就没了投机的可能性，因此不同班组之间矛盾也会比以前减少很多。

（3）但是制度 1.1 却并未有效解决如何提高 F 设备 k 部件安装质量的问题。其中的原因是大家的班次会随着日期而不断改变，这也就意味着员工下次检查的设备会与本次有所不同，故员工在更换损坏的 k 部件时也就不会特别在意安装的好坏问题，因为即使再有损坏下次也不归本班组负责了。因此在此种状况下，F 设备 k 部件每次更换的数量依旧长期居高不下。

（4）依据制度 1.1 的内容规定，中、夜班的设备检查数量均为 3 台，再综合此次执行结果稍前第 3 项中的问题说明，我们可知：中、夜班仍有较大概率出现一次更换 2 台，甚至 3 台受损 k 部件的情况。

而接下来，就以夜班的情况加以举例说明：

若夜班 2#线的 3 台设备中有 2 台需要更换 k 部件，那么总的检查作业时间将为 $2+2+0.5=4.5$（小时）。然而在作业的过程中，始终会有 1 台设备处于非工作的状态，故此时剩余 3 台 F 设备的最大工作能力输出将是 $1\times3=3$（单位/小时）。但在本案例的开始部分提到，每条产线的正常生产流量被设定为 3.4 单位/小时，所以，2#线必然会出现压料的问题，压料总量为 $4.5\times(3.4-3)=1.8$（单位）。而检查完毕后，要恢复正常生产所需的时间是 $1.8/(1\times4-3.4)=3$（小时）。

通过上面的运算我们可以看出，当夜班检查的 3 台设备中有 2 台出现问题时，单检查作业加恢复生产的时间就是 $4.5+3=7.5$（小时），若再考虑生产中其他必须要做的事情，此种状况下，按照正常要求进行作业的话，员工无论如何都是不可能完成工作任务的，更别提 3 台 F 设备 k 部件同时出现损坏的情况了。

由于制度 1.0 中的一些本质问题在制度 1.1 中并没有得到根本

性的改变，故又过了约半年之后，某员工便自己拟定新的管理规定，交给领导进行审核批准，于是也就有了下面的"制度1.2"。

制度1.2：

鉴于车间目前生产的实际状况，为保障公司产品的出厂质量，现对F设备k部件做如下定期停机检查的管理规定：

（1）每月1日、15日检查两次，一班1#、2#线1号设备，二班1#、2#线2号设备，三班1#、2#线3号设备，四班1#、2#线4号设备，检查当日轮休班组，需于休息前或后一天完成设备的检查任务。

（2）若检查发现k部件有损坏需立即更换，否则将按公司相关规定予以惩处。

执行结果：

（1）制度1.2让检查当日轮休的班组也参与到每次F设备的检查作业当中，每个班次的设备检查数量都变成了2台，有效降低了原来中、夜两个班组当班的工作任务量。

（2）制度1.2将每个班次检查的设备都分散到不同的产线上，与把2台设备都集中到一条产线上相比，每条产线正常停机检查的作业时间最多为2小时，而不会出现4小时的情况，因此，也就意味着不同产线在设备检查时，出现的压料量将都能得到可靠的控制，而检查完毕后恢复正常生产所需的时间也会明显缩短。

另外，把要检查的设备分散到不同的产线上后，若在人员充足的条件下，可对两台设备同时进行检查作业；而当两台设备都集中到同一条产线时，考虑到生产的稳定性，是不可能将4台中的2台设备同时停掉的。

（3）制度 1.2 把不同的设备分配到了具体的班组，可谓是"责任到人"，员工自始至终都负责相同的设备；故当检查发现 F 设备 k 部件有损坏时，为了能够尽量延长下次更换的时间间隔，大家必将都会尽自己的最大努力来保证安装的质量问题。

案例续集：

随着设备的进一步老化，在建厂第六年的时候公司决定将原有的 8 台 F 设备全部都更换为新设备。但更新完毕后检查规定却没有发生改变，依旧沿用制度 1.2，于是便有了如下新的执行结果：

第七年的时间里，k 部件基本没有出现损坏的情况，每次 F 设备的检查都是停机、拆、查看、回装、开机。但到第八年的时候，即新设备更换完成约一年之际，由于 F 设备被频繁地拆装，k 部件便逐渐开始变得较易损坏了，与第一批的新设备相比，此种情况的出现时间提早了一年左右。而在接下来的又一年时间里，k 部件每次更换的数量很快便与以前制度 1.2 正常执行时的状况相接近了。

案例分析：

综观前述案例的整个内容我们不难看出，在管理制度由 1.0 到 1.2 演变的过程中，主要存在如下的一些问题：

1. 制度 1.0

（1）制度的制定没有员工的参与，导致执行过程中有诸多严重问题的发生。

（2）缺少对制度的监督与完善工作，在制度制定后的一年时间内，领导对执行的情况始终不管也不问，最后也是因为部分员工对制度执行结果极大不满，主动跟领导要求，才有了后面的制度1.1。

（3）就制度1.0本身而言，其内容存在漏洞，未能考虑到2月份没有30日的特殊情况，且规定也不具体，才导致首先作业的班组有了投机取巧的可能性。

2. 制度1.1

（1）制度的制定依然缺乏员工的参与，而执行中的一些实质性问题并没有得到根本性的解决。

（2）制度内容的规定存在可操作性的问题，在其对应执行结果的最后一项，我们可以看出，当夜班遇到2台或3台F设备都需要更换k部件时，按照正常要求进行作业的话，员工无论如何都是不可能完成工作任务的。

（3）制度规定仍有部分管理上的漏洞，正如其执行结果中的第3项所述，该制度并不能很好地保证员工作业时的质量问题。

3. 制度1.2与案例续集

单就制度1.2来说，其本身是没有任何问题的，但当把它和案例续集中的情况联系在一起时，就会反映出下面一系列的问题：

（1）制度管理中，缺乏专门负责制度监督与完善工作的相关人员。

若在新设备更换完成后，能够有人对制度1.2及时做出调整，适当降低其中的检查频次，相信F设备k部件开始出现损坏的时间必将大幅推迟。

（2）领导缺乏担当的精神。

对于未能降低制度 1.2 中检查频次的问题，其实还有一种原因就是相关的领导缺乏担当的精神，因为他们大都担心若放宽制度后出现问题的话，自己可能就要承担相应的管理责任。

但在严格的管理制度下再次出现问题时，他们就会将责任推脱为现行的制度依旧不够严厉，进而制定出更加严苛的管理制度。这也正是绝大部分企业管理制度越来越严格的一个重要原因，而类似的情况其实早在本章第二部分第 6 项中就有提到过，此处可算作是对它的一个简单补充和说明。

（3）制度规定并不是越严格越好。

综合本案例续集的执行结果与本章第二部分第 6 项中的内容大家就会发现，无论对于设备或者人来说，都不是制度规定越严格越好。

案例二：

某生产车间由 4 块生产区域组成，另有独立的员工操作室一间，运行采用四班三倒的工作制度。在每块生产区域中除了相应的各类生产设备外，还有夜间照明用灯 15 盏左右，灯的自然损坏率约为 10%／月，即每块生产区域每月会出现 1～2 盏不亮的灯，而更换灯具需使用爬梯，属于登高作业，并要办理相关的作业票据。

以上述情况为背景，领导便制定了如下的车间管理规定：制度 2.0。

制度 2.0：

为了维护大家共同的作业环境，保障车间生产的正常有序运行，现将车间的 4 块生产区域作为责任区，平均分配到 4 个班组中去，每个班组负责其中的一块，每月轮换一次，月底进行交接。操作室不做划分，由 4 个班组共同负责。

而责任区的主要工作包括：区域内的环境卫生、设备卫生，以及夜间照明用灯出现问题时的维护、更换工作等。

执行结果：

根据制度的内容非常容易就能看出，其中缺少必要的监督规定以及相关的奖惩办法，所以结果也就不言而喻了。

（1）每次卫生清扫时，作业员工都是应付了事，整个车间的环境卫生、设备卫生都变得越来越差。而操作室的状况就更加混乱了，原本规定由 4 个班组共同负责，但实际的情况却是没人负责。

（2）制度执行的第三个月，车间生产区域的夜间照明用灯损坏了约 30%，逐渐开始影响到夜间作业的照明问题，但却一直没人负责更换；而第五个月的时候，灯的损坏就更多了，照明问题已严重影响到员工夜间的正常作业。

于是，某相对有责任心的员工便向领导反映了存在的问题，结果呢？领导只是看到了员工的责任，把反映问题的员工首先给严厉地责骂了一顿；而后到现场查看一番，发现了其中更多的问题，就又把所有的员工给批评了一遍，说他们缺乏工作的责任心，没有认真对责任区进行维护和交接，还有操作室的管理，四个班组共同负责反而搞得最差，等等。

故而接下来的一段时间，领导就要求所有的班组都必须严格交接班，而接班时发现的问题将由上一班组加班处理，否则便由本班组的人来负责。于是制度 2.0 也便有了如下新的执行结果：

（1）车间的环境卫生、设备卫生立马就好了起来，不亮的灯也都有人及时更换了。

看到这里，或许大家就会觉得此案例到此便要结束了，其实不然，因为如此的管理同时也带来了下面第2、第3项更为负面的执行结果。

（2）每次交接班时，接班的人都会认真把整个车间查看一遍，而大家对同一件事情的判定标准必定是不尽相同的，有的严格一些，有的则会相对宽松，于是严格的班组在接班时就总能找到要求相对宽松班组的一些问题，让他们加班处理。可想而知，本该欢欢喜喜下班的时候，却被留下处理在自己看来都不是问题的问题，难免会让人觉得是接班的班组在故意找茬。而为了泄愤，该班组的员工在下次接班时就必然会以各种理由为难要给自己交班的班组。

如此这般的一来二往，原本正常的交接班工作便逐渐演变成了一场场非理性、无硝烟的战斗，正所谓话不投机半句多，不同班组的员工之间说话也开始变得爱答不理；而每次交接班的时间毕竟都是十分短暂的，接班时的检查并不能发现所有的问题，故大家可以想象，此种状态下完成的交接班工作，不知其中会有多少的潜在隐患？

（3）本该每月轮换一次的责任区域，却因为不同班组日益升级的矛盾，大家之间互相挑刺，而无法进行在月底的正常交接轮换；这一情况，对于暂时拥有责任区域相对较小、设备又少的班组来说，自然是沾沾自喜，但其他的班组就不乐意了，故他们每次都会找领导来协调解决。

如此折腾一段时间之后，领导也是头痛不已，因此便与其中的一些员工讨论制定了下面新的管理规定：制度2.1。

制度2.1：

为了维护大家共同的作业环境，保障车间生产的正常有序运行，现将车间的4块生产区域作为责任区平均分配到4个班组中去，每个班组负责其中的一块，每月底自动轮换一次，无须进行交接。针对操作室的管理，每天由早班负责清理一次。

责任区的主要工作包括区域内的环境卫生与设备卫生等。而车间全部夜间照明用灯的维护、更换工作则不再以责任区域进行划分，现改为由4个班组轮流负责，于每月底统一处理一次。

最后，有关制度执行的情况，将主要由领导进行定期、不定期的监督与检查，对于发现的问题将按公司相关规定进行处理。

执行结果：

（1）制度执行的监督与检查工作改由领导负责后，就有效避免了不同班组之间因判定标准存在差异而容易产生矛盾的问题，没有了矛盾的存在，员工交接班的质量必定就能得到很大的提高。

（2）领导定期、不定期的监督与检查，能很好地督促员工时刻做好对所属责任区的管理工作，从而保证整个车间的卫生，无论在平时还是每月底自动轮换时，始终都处于一个良好的状态。

（3）制度2.1将车间全部夜间照明用灯的维护、更换工作改由4个班组轮流负责，于每月底统一处理一次后，不但能够大幅减少员工不必要的劳动付出，还利于提高此项工作的作业效率，故该方法也就具有更好的可操作性。具体说明如下：

在本案例的开始部分我们便提到，更换灯具需使用爬梯，属于登高作业，并要办理相关的作业票据。然而通过计算可知，整个车间共计约 $4 \times 15 = 60$ 盏灯，每月损坏 $60 \times 10\% = 6$ 盏左右，若每损坏一盏灯就要立即更换的话，那么员工就要重复 6 次办理登高票据、拿送爬梯等的辅助作业，而这些辅助作业相加的时间每次都比更换一盏灯具操作所耗的时间要长很多，因此，效率显然就会十分低下。

而在实际生产中，少量灯具的损坏并不会影响到夜间的正常作业。制度 2.1 将灯具的更换工作统一到每月底进行一次后，相应地，辅助作业的次数也就成了 1 次，与以往的每月 6 次左右相比，就极大缩减了无用劳动的付出，平均之后，每盏灯具更换的作业效率自然便会随之大幅提升。

案例分析：

（1）制度 2.0 在首次执行时，因为其中没有监督方面的规定以及奖惩的内容，所以也就很难获得想要的结果。

（2）制度 2.0 在第二次落实时，领导虽然知道了存在的问题，但却并不想承担起自己的监督职责，反而把相应的责任全部都推给员工来完成，故此次便出现了表面看起来大有改善，实则却更加糟糕的执行结果。

有关此项的进一步深入论述，将重点涉及领导监督与员工监督之间的区别问题，大家具体可参考一下第三章第二部分第 4 项中的说明。

（3）制度 2.0 中对损坏灯具的维护、更换工作规定不具体、不详尽，外加每块生产区域每月仅有 1~2 盏灯会出现问题，而在稍前的内容中我们又曾说到，少量灯具的损坏并不会影响到夜间的正常作业，于是制度执行的前两个月员工也就有了可以不更换损坏灯具的理由。

但到第三、第四个月的时候，由于大家的责任区都在不断发生着改变，不少心胸狭窄的员工就会觉得现有责任区内损坏的灯具绝大多数都是以前班组的责任，不归自己负责，接着，制度执行第五个月时的情况也便不足为奇了。

第三章 监 督

在以往很多企业管理的资料里，对于监督的介绍通常都是与制度方面的内容混在一起进行说明的，而在讲解时，制度的阐述通常会占绝大部分，关于监督则只是一带而过。因此，就很容易造成不少人对监督只是一知半解，在执行的过程中并不注重企业的监督工作，故其重要的作用也就很难被充分地发挥出来，甚至有时会起到适得其反的效果。

为了防止上述情况的再次发生，让大家对监督的认知能够有一个全面的提升，这里我们就特意将其独立出来，作为专门的章节来介绍。

一、监督

（一）监督的含义

监督是指对现场或某一特定环节、过程进行监视、督促和管理，使其结果能够达到预定的目标。

（二） 监督存在的两种形式

对于企业内部的监督工作，整体来讲主要有两种形式，即监督与检查，而有关二者的不同之处如下：

（1）监督侧重于对员工作业过程的监视与督促，对象是一段时间内连续性的作业动作，目的是发现工作中是否有违章、不按制度规定进行操作的情况发生。

（2）检查主要是指对执行结果的一个核实和查看工作，对象是前期已经完成作业的最终结果，目的是确认作业完成的情况以及质量的问题。

（三） 监督的作用

综合各类生产实践活动，监督工作在企业管理中的重大作用主要有以下四种：

1. 防止工作中出现违规、违章作业

对作业过程的监督，能很好地培养员工按章办事的工作习惯，从而在根本上阻止了违规、违章作业出现的可能性。

2. 保证作业完成的质量

对执行结果进行定时、定点的核实和查看，可以有效督促员工保质、保量地完成每项既定的工作任务。

3. 发现管理中可能存在的问题与不足

在企业生产的过程中，难免会有管理不当或者不到位的地方，而通过监督和检查，管理者们就能及时有效地发现其中可能存在的问题与不足，进而有利于下一步的完善工作。

4. 保障企业其他管理应用的认真执行和落实

监督、检查是企业其他所有管理应用中都必不可少的一个重要组成部分，没有监督和检查就无法得知企业各种管理应用的实际执行情况，同时，也就不能保障其落实的结果。

二、当前企业监督工作中常会遇到的一些问题

通过上一部分的说明我们不难看出，监督工作在企业管理中有着不可替代的作用和意义。但在本章的开始部分同样也说到，由于某些原因，当前企业监督工作的实际效果却并不怎么理想，而对于其中常会遇到的一些问题，此处可大致归纳如下：

1. 未能区分监督与检查之间的不同，常将二者混为一谈

由本章第一部分中的介绍可知，监督与检查的内容是截然不同的。而在企业的监督工作里，它们之间的关系是既统一又各自独立的两个方面，只有二者一起抓，两手都要硬，监督的重要作用才可被真正发挥出来。然而在执行时，很多人往往却将其混为一谈了，于是，工作中就极易出现只注重执行结果的检查，而忽略对作业过程进行监督的情况。

以企业中最为常见的卫生清扫为例，一般情况下大家在做此工作时，除了能清理出来一定的垃圾外，大多还会发现一些以往作业

过程中遗漏下来的螺丝等可以回收的物件。若只注重结果检查的话，那么，其中的螺丝等物件就可能会随垃圾一起被作业人员直接丢进垃圾桶；而当清扫区域内有地沟存在时，部分员工也有可能会将所有的东西全部清理到地沟里面去。或许大家会觉得这些都是小事情，但在其他的作业中就可能会有涉及生产正常运行、员工作业安全等方面的问题了。

2. 企业监督未能实现常态化、习惯化或制度化

企业的监督工作应该是常态化、习惯化或制度化的，不能因为领导心情的不同，而变成有一段没一段的随意管理行为，也不能想起来就监督，忙的时候就予以忽略。倘若如此，员工的侥幸心理便会随着监督的间断而不断增加，等执行出了问题再去补救时，付出的代价将是极其昂贵的。

3. 企业监督中存在较为严重的形式主义

对于企业监督工作中存在的形式主义，其中表现最为普遍的主要有以下三种情况：

（1）企业管理中，员工作业的快慢直接影响着产品产出的速度，而为了提高生产的效率，领导对于一些违规、违章的作业行为常会选择视而不见。

（2）部分领导对于企业生产的管理要点认识不足，进入作业现场后，并不十分清楚需要进行监督与检查的项目具体有哪些以及对应的判定标准是怎样的，故也就只能走马观花般地胡乱评论一番。

（3）针对监督与检查过程中发现的问题进行原因分析时敷衍了

事，多将其归结为员工责任心的缘故，实则却并未找到根源所在，致使相同的问题多次不断地重复发生。

4. 领导随意将自身的监督责任推卸给员工

企业监督工作是否能够真的落实到位，领导职责在其中起着至关重要的决定性作用，但在实际操作时，很多领导却常会以各种理由将自身的监督责任随意推卸给员工。而前面第二章的案例二中就存在此类相关的问题，这里可做一简单的回顾：

制度2.0在首次执行时，因为缺乏必要的监督，故结果是相当的难看。然而，领导在了解到问题之后，却依旧不愿担负起其监督的职责，反倒故作聪明地想通过员工之间的监督来将此责任完全推卸给员工，而再下面的情况大家也都十分清楚了。

综上所述，其实最关键的地方就是领导监督与员工监督之间的区别问题，而此二者的重要不同之处有：

（1）因为领导手中握有一定的权力，故他们监督所能起到的作用就会非常明显；而对于基层员工而言，他们并没有可以约束他人的有效办法，所以其监督也就很难有任何的实际意义。

（2）领导进行监督时，标准相对来说会更加统一；而员工人数众多，执行标准难免就会存在一定的差异，此种状况下就极易导致矛盾的产生。

（3）对于倒班员工的彼此监督来说，接班人员只可能对上一班组已完成的作业结果进行检查，并无法对其作业的过程执行监督，而由本部分第1项中的说明可知，如此的监督是不完整的，所以也就比较容易导致诸多问题的发生；再来看领导监督，其中却并不存在类似的问题。

说到这里，相信所有人都能清楚领导监督的特殊性以及为什么领导不能随意将自身的监督职责推卸给员工了吧。

5. 领导监督的内容不明确、没有系统化

目前，很多企业在监督管理的过程中，对于监督的内容，领导之间既没有明确的责任划分，也未进行系统化的任务分配，如此，就非常容易出现虽然所有的领导都在忙监督，但却仍有大量无人监督项目存在的情况。而缘由则是其中的不少项目都严重存在着重复监督的现象，于是就造成了领导监督时间上的过度浪费。

以生产车间不同楼层的监督状况为例，一般情况下一楼几乎是所有领导都会进行监督和检查的地方，但随着楼层的不断升高，监督的领导就会变得越来越少，而到最顶层时可能就无人负责了。

三、如何才能做好企业的监督管理工作

综合上一部分企业监督中常会遇到的一些问题，要想做好企业的监督管理工作，就必须着重从以下的五个方面入手：

（1）既要充分认识到监督与检查之间的不同，也要知道它们是统一的共同体，只有二者一起抓，两手都要硬，监督的重要作用才能被真正发挥出来。

（2）企业监督必须要常态化、习惯化或制度化，唯有如此，才能及时有效地发现管理中存在的不足之处，进而加以合理解决，避免重大问题的发生。

（3）监督工作中出现的各种形式主义，则多与领导的责任心和管理能力有关，这就需要不断提高领导自身的素养了。

（4）领导应认真担负起其在企业监督管理工作中的重要职责，不能随意将自己的责任推卸给基层员工。

（5）将企业所有的监督工作都进行系统化的任务分配，责任到人，在防止重复监督情况再次发生的同时，又要保证所有的监督项目都有人负责。

四、监督案例分析

某连续性生产车间的监督与检查工作一直都是断断续续的，可想而知，每次检查基本都能发现很多的问题，但领导却总会把原因全部归咎于员工的责任心不强，而在严抓一段时间情况好转后，便没人负责了。过了很久，领导突然再次检查，以上的问题就又出现了。

以设备的润滑为例，在领导严格监督时就不存在任何的问题；监督一旦中断，则定会发生大面积缺油的情况，而其中的原因可分析如下：

（1）在正常情况下，润滑油位的变化都是极其缓慢的，若仅凭肉眼判断，基本不可能看出今天与昨天的不同。故虽然每台润滑设备上都标有一定的标准，但要确定出需要补油的具体时间点，却是一件不可能的事情，而对于倒班的人来说，便很难进行责任的划分以及界定究竟到底该由谁来负责的问题。

另外，实际工作中，不同的员工之间也比较容易出现你不干我也不干、凭什么要我干的互相较劲心理。

（2）监督一旦发生中断，将会影响到企业管理的所有方面。也许在领导看来，给设备加油就是件分分钟的事情，没有任何的作业难度。殊不知，由于缺乏监督，相关油品以及加油工具的管理亦是相当混乱，每次加油，员工单找工具可能就需要相当长的一段时间，而找到的工具也不一定好用，再者就是备用油品的状况同样也是如此，这也就导致很多员工都不愿意去给缺油的设备补油。

（3）车间设备众多，不同设备使用的油品以及油位判定的标准也不尽相同，于是难免就会有部分人员对其中的知识了解不足，特别是一些新进员工，可能会因为害怕出错而不敢给设备加油。

说到这里，若我们依旧将上述的全部问题简单归咎于员工责任心不足，那么，无论此次情况解决得多么完美，也必将立马进入下一次的循环当中，从而始终无法由此怪圈中逃脱出来。

根据以上所述，要想彻底避免同类问题的不断重复发生，就必须做好以下三个方面：

（1）领导要积极做好本职的监督与检查工作，并需将其常态化、习惯化或制度化，而不能再出现有一段没一段的情况。

（2）做好企业监督与检查的任务分配和划分工作，如此，既能保证所有的监督项目都有人负责，而不同领导的责任相应也会轻松很多。

（3）在执行监督与检查的过程中，对于发现的问题应及时加以处理和解决，例如：本案例中提到部分员工对于设备的油品和油位标准认识不足，此时就应该立刻联系负责设备管理的人员，令其制作相关的作业指导书让员工去学习。

第四章　岗位手册

　　企业管理中，不少人应该都听到过一些人总在抱怨，现在的员工真是"一代不如一代"，然后就不分青红皂白地把所有责任全都推卸在员工身上。其实，关于该问题，如此的牢骚是没有任何意义的，而找出其中的真正原因才是关键所在。

　　结合以往的工作实践，此处，可将导致这一状况的几种常见情形归纳如下：

　　（1）企业能给各岗位员工提供的相关学习资料不健全，而部分企业则是完全没有所谓的岗位学习资料。

　　（2）不注重企业"师带徒"中师傅资质的评选工作，于是在教授徒弟的过程中，难免就会存在随意性强、缺乏系统性等问题，可想而知，新进员工也就很难学到其岗位所必需的全部技术和本领。另外，有关此项的更为深入介绍，大家则可参看后面第七章第一部分问题（四）的详细说明。

　　（3）当前，绝大多数企业的管理中，不同员工之间都存在着非常激烈的竞争关系,这就极易造成许多老员工宁可让自己来之不易的知识、经验在传承中流失,也不愿意与他人共同分享。

综上所述,我们就会发现,很多企业之所以出现员工"一代不如一代"的情况,实则也是在所难免的事情。那么,对此有没有什么好的解决办法呢?这就要说到本章要讲的岗位手册了。

一、岗位手册

(一) 岗位手册简介

岗位手册,总的来说,就是企业每个工作岗位的资料手册,所以其中的具体内容也会因为岗位的不同而各不相同;同时,岗位手册所包含的内容亦是相当广泛的,只要是与岗位密切相关的各类资料都可以添加到手册当中去,且只有这样才能不断丰富和完善手册内的知识点,更加有利于岗位员工的学习与能力的提升。

(二) 岗位手册的分类与内容构成

根据企业工作岗位性质的不同,岗位手册可被大致划分成两类:生产性岗位手册和非生产性岗位手册。而关于其中内容构成的问题,则分别如下:

1. 生产性岗位手册的主要内容构成

(1) 企业概况与工艺流程的介绍。

企业概况与工艺流程的介绍主要是指对企业整体发展历程、工艺流程以及产出产品等内容的概括性阐述，通过这些方面的学习，将能有效帮助新进员工更快、更好地了解并融入企业正常的生产与工作当中。

（2）岗位说明。

该项主要是针对员工所在岗位的详细介绍，包括岗位在整个企业生产中所处的阶段，起到的主要作用，完整的工艺流程以及重点管理对象、控制指标等方面的内容，如此，将可有效保证所有员工都能对自己的岗位有一个清晰而全面的认知。

（3）工作内容及标准作业指导书。

工作内容是指岗位员工在日常工作中必须要完成的任务或者作业都有哪些，包括所有的生产操作、各种记录表格的书写等方面的具体内容。

标准作业指导书则泛指员工所在岗位工作内容中，各种重要作业的操作指导说明书。但关于标准作业指导书的知识相对比较专业，部分人员了解得也可能会比较少，故在本章第三部分将对其进行专门的介绍，这里就不再细述。

（4）管理制度与监督方面的内容。

此处的管理制度主要是指企业专门针对当前岗位而制定的一些规章制度和管理规定；监督内容则是指把岗位中需要进行重点监督的项目完全罗列出来，以便岗位员工以及相关领导能够对岗位的实际状况执行及时有效的监管。

（5）典型事故案例分析。

此项主要是将员工所在岗位以及相关岗位以前发生的比较典型的事故案例加以分析、总结和汇总，来供大家互相学习，进而防止同类问题的重复发生。

（6）员工常见问题集。

员工常见问题集主要是把员工在日常生产中或操作时多会遇到的各类大小问题全部收集起来，然后通过查找资料或与领导、同事讨论的方式得出一个最终的结果，接着将所有的问题与答案进行结合并整理到一起，即可构成一个问题集合。此举将非常有利于岗位知识的不断丰富与积累。

2. 非生产性岗位手册的主要内容构成

（1）企业概况与工艺流程的介绍；

（2）岗位职责；

（3）日常工作；

（4）不同工作的完整作业流程；

（5）岗位制度；

······

对于上述的几项，参考稍前生产性岗位手册中所讲，相信大家理解起来都不是难题，故此处就不再做过多的阐述。

二、岗位手册的制定与作用

（一）岗位手册的制定

1. 制作岗位手册的人选

为保障岗位手册内容制定的全面性、实用性以及可操作性，在选择制作人员时，宜挑选岗位中那些知识、经验丰富，工作能力强，并且拥有大公无私的精神，愿意将个人所学全部奉献出来和大家共享的优秀员工来完成岗位手册的制作工作。

2. 岗位手册的命名

不同岗位手册的命名可以"××车间××岗位手册"为参考。

3. 岗位手册的制作

（1）在制作岗位手册时，关于其中的具体内容构成，大家可以参考本章第一部分中的说明，而为了能够尽量减少相关人员的工作任务量，同时保证格式的相对统一性，可首先挑选出几个具有代表性的岗位作为试点。

（2）待所有试点的岗位手册都制作完成后，通过互相对比并加以完善，进而确定出一个范本，接着即可将此范本下发至不同的工作岗位，分别制作各岗位的岗位手册。

（3）为了保障岗位手册的实时有效性，当生产中的要素发生变动或者出现新情况时，应及时做好手册内容的不断更新工作。

4. 制作岗位手册的奖励措施

为了提高岗位员工制作手册时的积极主动性，保证岗位手册制作完成时的质量，对参与制作岗位手册的员工进行适当的奖励是非常有必要的。

（二）岗位手册的作用

说了这么多，到目前为止很多人还不知道岗位手册的具体作用到底有哪些。下面，就一起来看一下吧。

（1）制作岗位手册，能有效解决因员工离职、工作变动等容易造成岗位知识、经验流失的难题；而对手册内容进行丰富和完善的过程，其本质亦是对知识和经验的不断积累与总结。

（2）岗位手册能够帮助新进员工快速、系统地学习到所在岗位的全部知识和技术，使其能力在短时间内得到全面的提升。

（3）有了岗位手册，企业"师带徒"中师傅教授徒弟时，也便有了一定的依据，从而可以大幅降低师傅工作的难度。

（4）通过岗位手册的内容，领导可以大致判断出不同生产岗位工作任务量的大小，从而为以后工作任务的分配提供必要的参考依据。

有人可能会问，在本章的开始部分便说到，岗位手册能很好地解决企业员工"一代不如一代"的问题，但对比以上的作用，其中好像并没有任何直接的联系，对此又该如何解释呢？

这是因为有了岗位手册，既意味着员工有了相对健全的学习资料，同时也能够弥补企业"师带徒"中师傅自身的一些不足，原因是：有了岗位手册作为依据，教授徒弟就成了件有章可循的事情，于是以往容易出现的随意性强、缺乏系统性等问题也就不复存在了；而我们挑选有奉献精神的人来制作岗位手册，很多宝贵的知识和经验都将能被悉数记录下来，如此，在传承中所有人都将可以学习到这些精华。

三、标准作业指导书

标准作业指导书也可简称为作业指导书，常见的英文名称有SOP（Standard Operation Procedure）、Work Instruction 或 OI（Operation Instruction），实践应用中，它是作业人员的工作标准，而其首要的用途就是对作业人员的工作内容进行说明和规范，以达到作业一致性与标准性的目的。一份优秀的标准作业指导书不但能大幅提高作业者的工作效率，同时也能很好地保证作业完成的质量问题。

但是，就目前而言，标准作业指导书只是在电子产品制造业中的应用颇为广泛，而国内其他相对传统的行业运用则普遍较少。若究其原因，总的来说主要是它起源于国外，是伴随着外资企业才引进过来的，国内其他行业人员能够接触到它的机会并不多，也就很难真正认识和领会到它的价值与作用。为了可以让大家都能对标准作业指导书有较为深入的了解，本部分接下来的内容将专门就其做一单独的说明。

（一）标准作业指导书的格式

关于标准作业指导书的格式问题，最重要的就是要能够满足自己的实际需求，所以也就代表着其可以是多种多样的。但根据上一段落中所述的内容可知，由于当前国内标准作业指导书的应用多存在于电子产品制造业，所以现在常见的都是比较适合此行业类似如图 4-1 所示的版本格式。

而若大家想在自己所属的企业中推行使用标准作业指导书，那么，首先要做的事情就是制定出适合自身产品工艺和生产作业特点的一个样板格式，图 4-2 即为某生产企业为自己量身定做的一份标准作业指导书样板。

（二）标准作业指导书的制作

在确定了标准作业指导书的样板格式之后，企业员工即可参照既定的样板格式去制作其岗位所有工作的标准作业指导书了，例如：各类操作的作业指导书、不同设备的检维修作业指导书以及岗位的巡检作业指导书等。图 4-3 即为前述某生产企业关于纯水泵切换的一份标准作业指导书，供大家参考。

说到这里，或许不少人会认为制作标准作业指导书并不是什么难事，但为了能够尽量减少眼高手低的情况发生，下面我们将重点就标准作业指导书制作时的几项核心内容以及相应的制作要求来加以说明。

LOGO	标准作业指导书 Standard Operation Procedure	型号名称	生产项目
		文件编号	节拍（秒）
		工序名称	计划产量（台/h）
		工序编号	
		品质要求	
		1.	
		2.	
		3.	

工作流程	图示区			
一、作业前准备 1. 2. 3.				
二、操作步骤 1. 2. 3.		生产物料		
		序号	名称	规格	用量
		1			
		2			
		3			
		4			
		5			
三、注意事项 1. 2.		工具夹具		检测工具/仪器
		1			
		2			
		3			

编制/日期	会签/日期	审核/日期	第 页 共 页	版本 第 版

图4-1 常见电子行业标准作业指导书样板

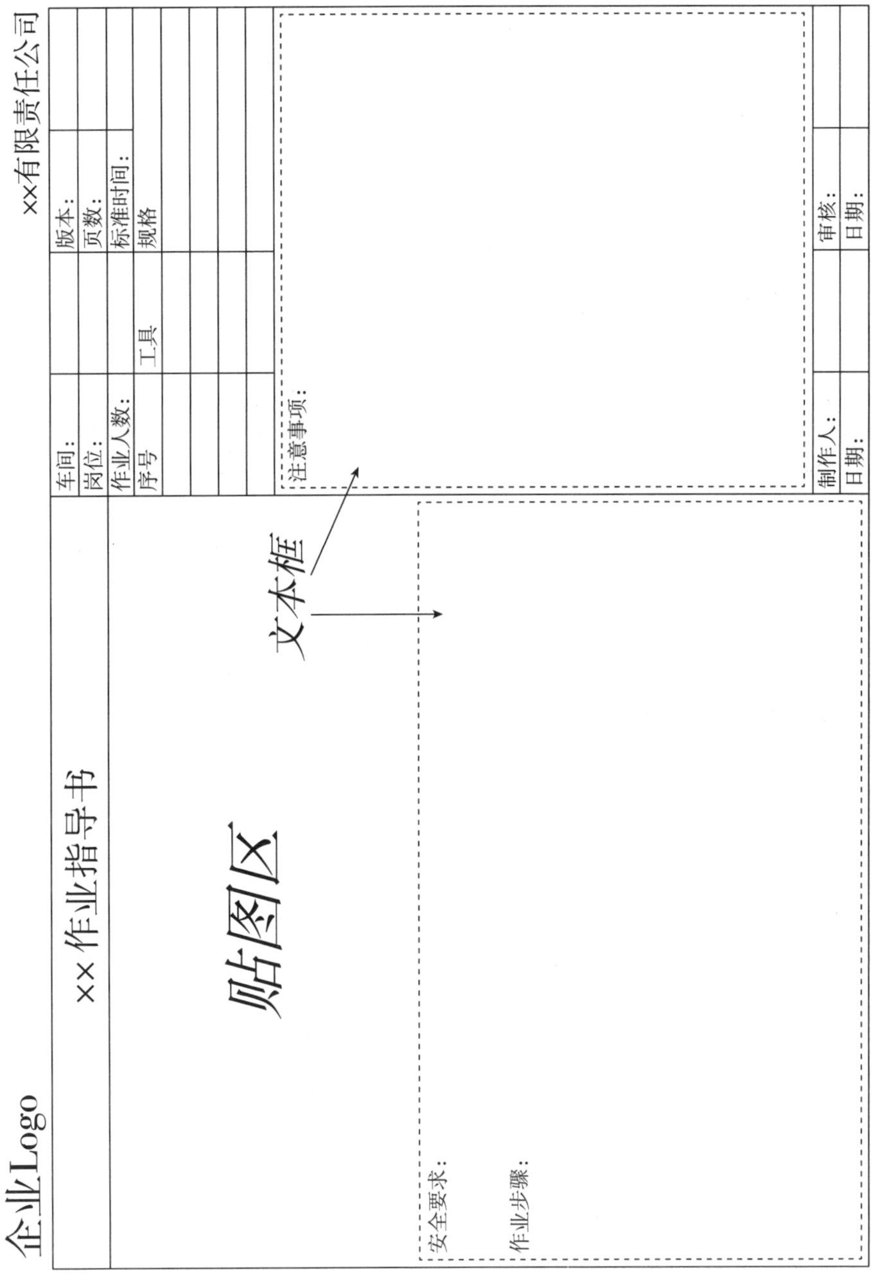

企业Logo

xx作业指导书　　xx有限责任公司

车间：		版本：
岗位：		页数：
作业人数：		标准时间：
序号	工具	规格

贴图区

文本框

注意事项：

安全要求：

作业步骤：

| 制作人： | 审核： |
| 日期： | 日期： |

图 4-2　某生产企业标准作业指导书样板

纯水泵P301A/B切换 作业指导书

企业Logo

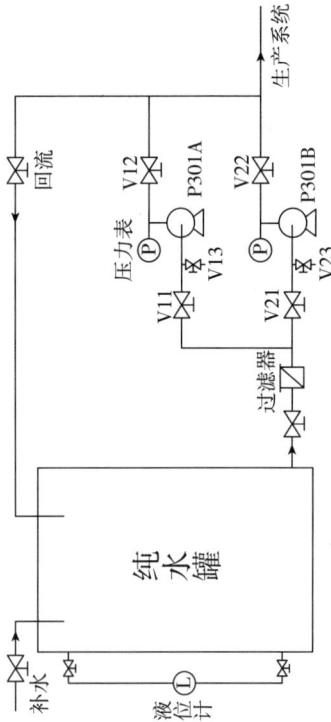

xx有限责任公司		
车间: xx	版本: 00	
岗位: xx	页数: 1/1	
作业人数: 1人	标准时间: 12分钟	
序号	工具	规格
1	开关手柄	DN150球阀专用
2	开关手柄	DN25球阀专用

注意事项:

1. 为防止在作业过程中，身体、衣物无意碰撞灌或挂到不相关手阀的开关手柄，造成作业或误操作，每次手阀开关完成后，需将作业手柄取掉，放到指定的位置（备注：V11、V12、V21、V22为DN150球阀，V13、V23为DN25球阀）。
2. 作业过程中手阀的开关均需缓慢进行，主要为防止压力大幅波动对生产以反设备造成不良影响。
3. 作业步骤3中，关闭V22时留有少许缝隙能有效防止启泵后因压力过高容易造成V22再次开启异常困难的情况。
4. 作业步骤6，排出泵体内的积液，是为减少泵体的腐蚀，在冬季，也是防冻的需要；另外，为了防止进、出口手阀到位或手阀内漏而不知情的状况发生，需观察积液全部排出后，操作人员才能离开作业现场。
5. 需进行切泵作业的情况有：油封或机封漏，电机温度高，泵压波动大等。

安全要求:
正确佩戴安全帽，劳保鞋，劳保手套。

作业步骤:（假设P301A运行，P301B备用）
1. 检查P301B油位，并盘车正常；
2. 关闭P301B前排污手阀V23；
3. 缓慢打开P301B出口手阀V22约1/4阀位，让水倒流，给P301B灌水排气，约半分钟后，关闭V22（尽量留有少许缝隙），打开P301B进口手阀V21；
4. 启动P301B，观察出口压力表，泵压稳定后，缓慢打开V22至阀位全开；
5. 关闭P301A出口手阀V12，停P301A，关闭进口手阀V11；
6. 打开排污手阀V13，排出泵体内积液；
7. 收拾现场，将使用过的手阀开关手柄归位。

制作人: xx	审核: xx
日期: xx-xx-xx	日期: xx-xx-xx

图4-3 前述生产企业纯水泵切换的作业指导书

1. 标准作业指导书制作的核心内容

参照本部分前面的举例非常容易就能看出，标准作业指导书制作时的核心内容主要有如下四项：

（1）作业顺序，即每步操作的先后问题。

（2）作业内容，指每步操作要做的事情具体是什么。

（3）注意事项，凡是操作中必须要把握好的事情，比如关系到作业成败、安全等方面的内容都应写入注意事项当中，以便能够引起相关人员在作业时的足够重视，进而避免不必要的错误发生。

（4）图片说明，其可以让作业变得更加直观、清晰。

此外，除了上述的核心内容，标准作业指导书中还有以下三个比较常见的项目值得加以补充说明：

（1）页数：当某些作业内容比较复杂，无法在一张标准作业指导书中表述完成时，就需要注明其总共有多少页以及当前的页码。较为通用的格式有"第？页　共？页"和"？/？"。对于第一种就不用解释了；而第二种其实则是前一种的简化，以页数显示"1/2"为例，即表示当前页为第1页、共2页的一份作业指导书。

（2）作业人数：指依据标准作业指导书中的操作步骤，能够顺利完成整个作业所需的基本人数。或许会有人说，图4-1中并没有关于该项的内容，这是因为电子产品制造业所采用的流水线生产方式下，一张作业指导书通常对应的就是一个人，而指导书的页数，即意味着该作业总共需要几个人来一起完成。

（3）标准时间：指在规定的作业人数下，按照既定的操作步骤，要完成整个作业所必需的正常时间，图4-1中的表示方式是

"节拍（秒）"。

2. 标准作业指导书的制作要求

虽然了解了标准作业指导书的整体构成，但若要制定出一份合格的作业指导书，还需严格遵照下面的一些制作要求：

（1）语言简练、通俗易懂。

（2）作业步骤要尽量明确化、"傻瓜"化，努力实现即使是零基础的人依据作业指导书也能独立完成所有的操作。

（3）图文并茂，使作业内容形象化、简单化。

（三）标准作业指导书的作用

通过前述两项内容的介绍，相信大部分人对标准作业指导书已经有了一个较为全面的理解和认识，最后就来说说它的作用有哪些。

（1）作业步骤明确化，可以让员工时刻清楚地知道自己下一步的具体作业内容，特别是当作业需要两人或两人以上协作完成时，能大幅增加作业人员之间配合的默契程度，进而利于提高整个作业完成的速度和效率。

（2）作业内容形象化、简单化，能加快员工的学习速度，使其在很短的时间内便能掌握所需的操作技能。

（3）作业标准规范化、统一化，能有效避免其他的一些外在影响因素导致盲目赶工、不按标准进行作业的情况发生，从而可以减少中间出现错误的可能性，保证作业的最终质量问题。

（4）作业人数与时间的标准化，能很好地帮助管理者进行更加合理的任务分配工作，同时也方便对员工的作业进程实施监督。

第五章　改　善

很小的时候，相信大家都已深刻理解"学如逆水行舟，不进则退"的道理，我们只有不断努力学习才会不落后于他人；参加工作后，就企业的发展来说，同样暗藏着"不进则退"的真理，但企业的发展不是单纯依靠努力就能实现的，还需要所有员工不断地改善活动。因此，本章就带大家一起了解一些有关企业"改善"方面的知识。

一、改善

（一）改善的含义

"改"即改变、修正，"善"即良好、更好、令人满意。

企业管理中，改善是指为追求更快、更好、更加简洁地达成工作目标而通过手段选择或方法变更，把事情或动作往好的方向修正或调整的过程，简单来说就是改变原有的状况使其能更好一些。

另外，对于员工的操作，改善的结果一般都意味着以往需要十分努力、非常认真、特别小心才能进行的作业，现在不用努力、不必认真、不需小心即可很好地完成，而这也正是我们要做改善的真正意义所在。

（二）改善的类型

所有的企业生产中，工艺、设备和操作都是缺一不可的，因此，改善的类型按照具体改变对象的不同则可大致被划分成以下三类：

（1）对工艺流程的变更。

（2）对设备及其结构的改良。

（3）对操作方式和方法的调整。

（三）改善的方法

在企业的改善活动中，人们往往是"八仙过海，各显神通"，而所采用的方法亦是千差万别、各不相同，故此处我们就不再进行详述。但非常有必要介绍其中较为通用的一种改善方法：ECRSI 分析法。

再次提及此分析法，大家应该都不会陌生，因为在前面第二章第三部分的内容中就有对于它的相关应用，但是由于这里所涉及的对象发生了改变，故其中的具体解释难免也就有了一定的不同：

（1）取消（Eliminate）：将工艺、设备以及操作中多余的、可有可无的部分全部从生产中清除掉。

（2）合并（Combine）：对生产中不能取消的内容，则考虑是否能合并到其他部分的工作当中去。

（3）重排（Rearrange）：通过调整工艺、设备以及操作先后顺序的方法实现改善的目的。

（4）简化（Simplify）：经过取消、合并、重组之后，再对企业的整个流程作进一步的分析和研究，使当前的工艺、设备以及操作都尽量地简化，进而最大程度上降低生产运行的成本，提高企业的经济效益。

（5）增加（Increase）：在现有状况的基础上，通过新增部分工艺、设备以及操作的方法，使生产能够更好、更有效地运行下去。

（四）改善的作用

根据改善内容的不同，企业改善所能起到的作用也不尽相同，但总的来说，改善的作用主要有以下九种：

（1）提高工作效率。

（2）降低生产成本。

（3）提升产品质量。

（4）减少浪费。

（5）解决生产中存在的难题。

（6）降低作业者的劳动强度。

（7）增加作业的安全性。

（8）改变工作环境，提高员工作业的舒适程度。

（9）减少企业员工之间的矛盾，创建和谐的工作氛围。

二、企业改善工作的现状及原因分析

当前，在企业的管理中提及改善相信所有人都不会陌生，且在理论层，也都能深刻认识到改善对企业发展的重要作用；然而，在实践操作时存在的问题往往却又是层出不穷，让人不知所措。

此处，经过归纳与总结，可将企业在改善工作中多会遇到的一些常见问题以及对应的原因分析罗列如下：

1. 员工缺乏做改善的意识和习惯

企业员工之所以会缺乏做改善的意识和习惯，其中的关键影响因素主要有以下三点：

（1）自身的惰性，让很多人更喜欢安于现状，不思进取。

（2）工作中，多数人都担心因出错而遭受惩戒，故大都会选择循规蹈矩式的做事方式，却放弃了探索可能更加有效的解决办法。

（3）企业在对员工进行培训时，多以取得的成就为主，很少提及存在的不足，同样也会导致员工更容易满足于现状，缺乏改善的意识和习惯。

2. 大家对改善的认识不足

对改善的认识不足，重点涉及以下两个方面：

（1）改善不是一蹴而就的，并不能一次性解决所有的问题，而且改善本身很多时候也会存在某些不足之处，但总体上来说，只要利大于弊，我们所做的改善就是有意义的。然而在具体应用中，大部分人却始终很难清晰地认识到这一点，改善中的任何瑕疵都会让他们觉得此项改善是不能被接受的。

（2）改善需要全员参与，但并不意味着人人都必须做改善，因为大家的知识和能力各不相同，若过分要求人人都要做改善，那么，其中定将会出现严重的滥竽充数现象，如此便会造成大量不必要的人力、物力、财力以及时间上的浪费。

3. 企业将改善工作进行任务化

与其他的日常作业有所不同，改善活动是一项更具创造性的工作，需要用心去做，不能操之过急。

但是，在实际执行时大多企业会将改善工作进行任务化，要求一些部门或员工必须在固定的时间内完成一定数量的改善项目，而如此的规定往往严重影响到改善人员的正常发挥，迫使他们急于求成，而无法追求更为完美的改善方案，最终也就极难取得高质量的改善成果。

4. 缺少合理的奖励机制

任何一项有质量的改善活动，从员工在工作中发现存在的问题，到中间反复思考理想的解决办法，再到最终形成完整的改善方案都是一个非常漫长、费时且耗力的过程，而员工正常上班期间还有其他的日常工作要做，所以一般都需消耗大量的业余时间和精力来完成自己所做的改善工作。

然而，很多企业用于改善的奖励资金或鼓励措施却只是改善人员所付出或期盼的九牛之一毛，部分企业甚至直接堂而皇之地将改善视为员工工作的一部分，没有任何的奖励措施，这就常会导致其中的有识之士宁可选择韬光养晦，也不愿将自己的才华展现出来。

5. 员工的知识和经验不足

容易造成员工改善知识和经验不足的原因，主要有下面的两种情况：

（1）部分企业过于强调员工的忠诚度，更加偏爱"从一而终"的员工，但此类人员却有一个共同的缺点：他们的所见所闻以及知识面相对比较狭窄，缺乏与其他同类之间的对比，难以看到自己的不足之处，进而会影响到企业的改善工作。

（2）不注重员工改善知识的日常培训和学习工作，能为员工提供的相关资料十分有限，因此，员工做改善的知识和能力自然也就很难得到有效的提升。

6. 领导因素的影响

企业的所有改善活动，领导在其中都会起着至关重要甚至是决定性的作用。但很多企业领导对于改善却知之甚少，故其本身就缺乏做改善的能力；同时又常会存在较为严重的官僚主义作风，针对企业倡导的改善活动，多是一级一级往下推，实则自己并没有真正意义上参与到企业的改善工作当中。

另外，对于员工提出的改善建议，领导往往是小的看不上，觉得可有可无；而大的改善通常又都会伴有一定的风险与难度，此时，他们就又开始担心会出现问题，害怕承担责任，不敢去做。最终的结果也就可想而知：员工每次花费大量精力制作的改善建议，绝大部分都会被领导以各种理由置之不理，这将严重打击员工的积极性和主动性，接下来也就不可能再有人去用心做改善了。

7. 管理体制的问题

随着市场竞争的日益激烈，所有企业都在不断严格控制和压缩各项成本的支出，而其中就不乏很多随波逐流的企业，不假思索便将员工数量作为自己管控的首选目标，盲目进行自以为是的减员增效活动。如此，就极易导致员工作业人数的严重不足、工作任务量过大等状况，最终的结果是：

（1）员工仅仅为了能够完成现有的工作任务可能就已疲于奔命，根本没有任何多余的时间与精力去思考和研究更为有效的作业方法，即进行所谓的改善活动。

（2）过于繁重的工作任务也容易让员工对自己的工作不堪承受、心生积怨，进而对企业丧失信心，产生不满情绪，自然也不愿花费心思去为企业做改善了。

8. 改善体系不够完善

改善通常是一个较为系统的工程，牵涉的内容一般也都比较广泛，多需要其他员工以及不同部门之间的相互协作与配合。但目前企业大部分的改善活动是在各部门内部单独进行的，而不同的员工之间也缺少必要的协作关系，于是就常会造成如下两种情况的发生：

（1）很多原本能够实现的改善方案却往往以失败而告终。

（2）不少接近十全十美的改善项目，最后却变成了鸡肋问题，让人取舍两难。

三、如何才能做好企业的改善活动

（一）做好企业改善活动的必要条件

鉴于本章第二部分所述当前企业改善工作中多会遇到的各类常见问题，若我们想要做好企业的改善活动，就需着重从以下的七个方面入手：

1. 培养员工做改善的意识和习惯

鼓励员工去发现工作中可能存在的任何问题，进而思考、研究合理的解决办法，当遇到难题时多与大家共同讨论，如此，员工做改善的意识和习惯也便会逐渐形成。

2. 注重员工改善能力的提升

可定期对员工开展有关改善方面的知识讲座与技能培训，不断增加员工对改善的深入认识与理解，同时要为员工提供尽可能多的相关学习资料，以便能够实现员工自身改善能力的快速提升。

3. 合理的奖励办法

企业改善活动中，员工的积极性与主动性是最为关键的影响因素，同时由上一部分第 4 项的分析我们可知，企业的每个改善项目都需消耗相应员工大量的业余时间和精力，而作为回报就需建立颇为丰厚的奖励办法，以进一步推动员工在企业改善方面的积极性和主动性。

4. 恰当的用人机制

企业在选人用人时不能片面强调所谓的员工忠诚度，也应看到其自身能力的问题，而只有员工能力强才能让企业永立不败之地。

5. 领导能力的培养

管理者的能力问题往往直接决定着一个企业未来的发展趋势，因此对于企业领导来说，只有不断学习各种新的知识与技能，才会有足够的能力在企业的发展中起到带头的作用，而这其中就包括对改善方面能力的学习。

6. 相对宽松的工作制度

只有在相对宽松的工作制度下，员工才会有多余的时间和精力去思考和发现工作中可能存在的问题与不足，进而接着落实下一步的改善活动；如果员工在上班期间始终都处于非常繁忙的工作状态，那么，他们也就不可能会有额外的时间或者好的精力去做所谓的企业改善活动了。

7. 健全的改善体系

建立健全的企业改善体系，不断加强各部门以及不同员工之间在改善工作中的互相协作与配合关系。

（二）企业改善过程中的一些重点注意事项

要落实好企业的改善工作，除了本部分上述的内容外，还有如下一些重点注意事项望能引起大家的足够重视：

（1）注重小的改善，任何质的改变都是从量的变化开始的。

（2）改善不是一蹴而就的，它是一项需要长期坚持的工作。

（3）有效的奖励机制是保障企业改善工作能够长期、有活力进行下去的一个必要条件。

（4）执行改善时，务必要让提出改善的员工参与到方案实施的整个过程中去，否则改善的最后极易因为差之毫厘的错误而出现谬以千里的结果。

四、改善案例分析

案例一：

某企业一生产物料在投入使用前，需配成5%浓度的溶液，并要用蒸汽加热到90度"老成"后，再使用冷却液将其温度降至20度以下。同时该物料又具如下的属性：

（1）黏稠状液体，密度比水大且较难溶于水，与水混合搅拌10小时后，方能得到较为理想的均一溶液。

（2）物料溶液表面张力较小，混入空气时易产生泡沫。

（3）当溶液温度达到95度后，物料的性质就会开始发生改变，而严重时将会直接影响到生产的正常使用。

此外，生产使用的配料设备被称作配料槽，有夹套层，通入蒸汽时可用于加热物料，内有盘管，能够通过冷却液给物料进行降温。大致的工艺流程以及设备的整体结构可参看图5-1。

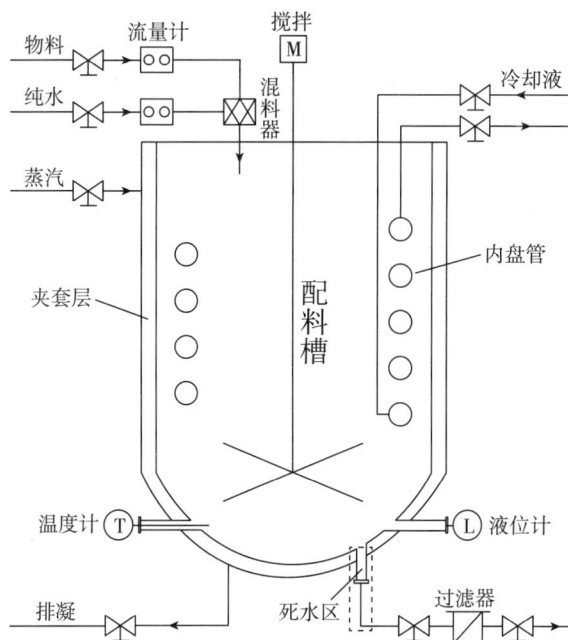

图 5-1 配料槽工艺流程及整体结构示意图（改善前）

最后，就是配料的作业步骤：

（1）确认配料槽为空，冷却液手阀、出料底阀均处于关闭状态。

（2）按比例设定物料与纯水的进料量。

（3）打开进水手阀，往配料槽中注水，待液位达到搅拌器的底层桨叶位置时，启动搅拌。

（4）打开进料手阀，通过手阀的开度调整物料的流速为进水速度的1/5左右。

（5）打开蒸汽加热系统。

（6）待物料进料完成后关闭进料手阀，然后关闭进水手阀（未加入的水量，待升温完成后，再进行注入；此操作可大幅缩短加热的时间，减少蒸汽的使用量，而又能起到快速降低溶液温度的作用）。

（7）待温度升至 90 度后，关闭蒸汽加热系统，再次打开进水手阀，将原来设定未加完的水注入配料槽中；同时打开冷却液手阀开始给溶液实施降温。

（8）待搅拌 10 小时后，温度降至 20 度以下，取样化验合格，即可投入生产使用。

问题说明：

若仅通过上面的案例介绍，大家应该都不会觉得里面有任何的不妥之处，但在具体操作的过程中，却存在如下诸多的实际问题：

1. 同时关闭内盘管进、出口手阀，造成冷却液外漏

作业人员在操作冷却液进、出口手阀时，习惯将其同时打开或者关闭。而在给配料槽内溶液进行升温加热时，内盘管里的冷却液温度也会随之升高，同时体积受热膨胀。但内盘管的进、出口手阀在该阶段又刚好处于全部关闭的状态，从而致使其内部压力猛增，每次配料时，受热膨胀的冷却液也就不可避免地会从进、出口手阀的连接法兰处不断泄漏出来。

2. 配料过程中有大量泡沫生成，严重影响后期的正常作业

在本案例的开始部分曾提到，所配物料溶液的表面张力较小，混入空气时易产生泡沫。但由图 5－1 我们可以发现，物料与水进入配料槽的方式都是从顶部直接喷流而下，而强大的水流必然会携带大量的空气进入底部已有的溶液中，于是配料槽内就会有一层厚厚的泡沫产生，漂浮于液面之上，并随配料的进入而不断增加。

在配料作业的前期，由于配料槽内液位较低，空间够大，泡沫的存在并不会对作业有什么不良的影响。然而到作业的后期，按照设定的进料量，配料完成时的正常液位会在80%左右，但由于大量泡沫的存在，液位计显示约50%时，配料槽的顶部就已被泡沫完全填满。所以接下来就只能停止作业，待泡沫自行消散后再继续进行作业。如此反复很多次，才能将作业最终完成。这就造成，除去升温加热阶段，本来耗时约40分钟即可完成的作业，实际操作却需要近1.5小时才能做完。另外，在后期的作业过程中，由于配料槽内的液位始终都很高，若操作人员稍不留神，泡沫就可能会由配料槽的顶部大量溢出，不但会造成物料的浪费，同时也会严重影响到车间的环境卫生。

3. 蒸汽手阀未能及时关闭的情况时有发生，相同的生产事故重复出现

配料作业的过程中，在给溶液进行升温加热时，所耗的时间相对是非常漫长的，一般会需要3～4个小时。于是，正常的操作是：现场员工在打开蒸汽加热系统后，通知中控人员对温度实施监控，而在温度即将上升至90度时，中控人员再联系现场员工去关闭蒸汽手阀，并接着进行后半部分没有完成的作业。

但在实际执行时，由于大家的工作任务一般都比较多，故中控人员有时就可能把温度监控的事给遗忘掉，在温度达到90℃时却未能及时告知现场的作业员工，而当他们突然再次想到此事时，温度就可能已经在95℃以上了。

与上述情况相对应的是，有时中控人员即使通知了现场的作业

员工，但后者却可能正在忙别的工作，特别是在马上就能结束或暂时抽不开身的状况下，其就会觉得：物料溶液温度的变化是极其缓慢的，而现有的工作仅需片刻时间，忙完再过去进行操作也不会有什么大的影响。然而接下来的情况往往是：员工在继续现有工作的时候，不知不觉中便把中控人员通知的事情给忘得一干二净。最终的结果也就可想而知，将会与中控人员未能及时通知现场员工去关闭蒸汽手阀毫无不同，而每次温度过高导致物料性质发生改变，都意味着又出现了一次生产事故。

4. 蒸汽排凝使用手阀调节，浪费情况严重

在给物料溶液进行升温加热的过程中，正常情况下单位时间内需要消耗的蒸汽量是会随着溶液温度的上升而不断减少的。

但从图 5－1 中可以看出，该蒸汽加热系统的排凝工作是靠一个单独的手阀进行调节控制的，而我们在设定排凝手阀开度时，一般都会以加热起始阶段所需的大小为准。如此，在加热过程的中后期，不可避免地将有大量没有被消耗的蒸汽伴随冷凝水一起排出，从而形成浪费。另外，大量排出的蒸汽，对于周围工作的电气设备来说，也是一种不小的潜在威胁。

5. 物料易在配料槽底部的出口处聚集，出料时堵塞过滤器

在配料作业的过程中，由于物料的密度比水大且较难溶于水，因此物料进入配料槽后，一般都会比较容易沉入配料槽底部，然后在搅拌的作用下再进行逐步的溶解，而其中下沉的部分物料就可能会进入并聚集在出料口至出料前手阀之间的一段相对封闭的空间里，我们可称之为"死水区"。

因为在这段区域内，无论外边的搅拌器如何转动，都不会对此处的情况产生任何的影响，而且这里的水量少，并处于相对静止的状态，所以物料一旦进入此区域，基本就等于失去了融入水中的机会，将会以较为原始的黏稠状液体形态而存在。然而当配成的溶液取样合格可以使用时，处于该区域内没有被溶解的黏稠状物料就会首先"顺流而下"，随即附着在出料过滤器的滤网上，将过滤器堵塞住，阻碍配料槽内溶液的正常流出。此时，就需要拆开过滤器，清洗其中的滤芯，且大多情况下首次清洗完毕后很快还会被堵上，需要接着进行第二、第三次清洗，如此，"死水区"内未能溶解的黏稠状物料才会被消耗殆尽。可想而知，此番操作不但费时、费力，有时甚至还可能会影响到企业的正常生产。

改善方案：

针对前述问题说明部分中的几项问题，经过深入的分析与思考，我们可采用如下一系列对应的改善方案，而改善后的大致工艺流程以及设备的整体结构可参看图 5 - 2。

1. 制定标准的作业指导书，明确正确的操作方法

本案例中的操作人员之所以会有将冷却液进、出口手阀（详见图 5 - 2 之①）同时打开或关闭的习惯，其中最主要的原因是他们在一开始就不知道该作业的标准操作方法是怎样的，而在企业其他绝大部分的操作中，对应的进、出口手阀都是同时开或关，于是就采用了相同的做法。但他们却忽略了这里的不同之处，密闭后冷却液的温度是会随着外部工艺条件的变化而发生巨大改变的。

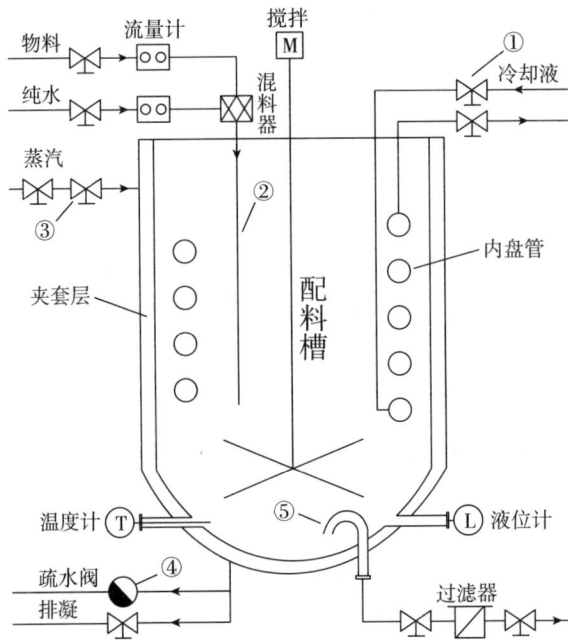

图 5-2 配料槽工艺流程及整体结构示意图（改善后）

因此，员工在作业的过程中，需要有标准作业指导书对上述情况加以详细的解释与说明，并明确正确的操作方法，告诉他们在加热阶段关闭手阀的目的就是阻止冷却液的流动，所以每次只需操作其中的一个即可，如此，受热膨胀的冷却液便可通过另一手阀流出，而不会出现泄漏的情况。

但针对本案例而言，员工之所以会选择同时操作两个手阀，还有一个重要的原因就是员工在作业时，总会担心手阀未能关闭到位或者可能存在内漏，致使加热的同时也在给溶液进行降温，而将两个手阀同时关闭则会觉得更为保险一些。因此，该标准作业指导书中除了要明确正确的操作方法外，还要教会员工如何通过冷却液进、出口处温度的变化状况来判断操作的手阀是否存在问题，例如：正常情况下，手阀关闭后，进、出口处冷却液的温度是会逐渐趋于常温的，若冷却液进口处的温度始终保持不变，而出口处的温度与配料槽内溶液的温度相接近，那么，所操作的手阀就可能没有关闭到位或者存在内漏，此时就需要采取相对应的解决办法。

另外，对于冷却液进、出口手阀的使用频次，也可增加一些限制，例如：双月份使用出口手阀进行控制，单月份则操作进口手阀。此做法的好处在于平衡两手阀之间的使用频次，能有效避免实际生产中某些手阀因操作得过于频繁，磨损严重，需经常更换，而有的手阀却极少使用，甚至出现锈死的情况。

2. 适当增加配料槽内水与物料混合进料管线的长度

水与物料混合进料管线在配料槽内的长度被延伸（详见图 5 - 2 之②）后，配料时，当配料槽内的液位达到水与物料混合进料管线的出口高度后，水与物料进入下层溶液的方式就会立刻转变成"直接进入"的情况，此时，液面上层的空气也就彻底失去了进入下层溶液的任何可能条件。没有空气的进入，也就不会再有新的泡沫生成，而前期存在的泡沫又会随着时间的推移而不断消失掉，从而实现整个作业的进程都不会再受到泡沫的困扰，员工便能以最快的速度去完成自己的操作。

3. 蒸汽进口手阀后增加气动开关阀

在配料槽的蒸汽进口手阀后增加气动开关阀（详见图 5 - 2 之③），并将开关阀的关闭动作与物料溶液的温度构成连锁，当溶液温度接近 90 度时，开关阀自动关闭。改造完成后，无论中控人员还是现场员工就都无须再为何时关闭蒸汽手阀而操心了，因为在温度达到设定值之后，气动开关阀将会自动切断蒸汽的供应，而溶液的温度也就不可能再继续上升。于是，即使员工在很长一段时间内都忘记了蒸汽加热的事情，也不会像往常一样出现什么严重的后果，只需在记起来时过去完成后半部分的操作即可。

4. 蒸汽排凝出口处增加疏水阀旁路

由于夹套层每次使用完毕后，在恢复冷却状态的过程中里面都会重新充满空气，因此在打开蒸汽进行加热时，排凝出口处最先被排出的主要是空气，而后空气的含量会逐步降低，接着将以冷凝水与蒸汽为主。

在蒸汽排凝出口处增加疏水阀旁路（详见图 5-2 之④）后，蒸汽加热的初始阶段，可全开排凝手阀，快速排出夹套层中的空气，当有大量的蒸汽冒出时，则说明其中的空气已基本排净，此时即可完全关闭排凝手阀，而疏水阀旁路将会自动进入工作状态。对于疏水阀的功用，相信从事过企业生产的人都不会陌生，它能最大限度地提高蒸汽的利用效率，减少浪费，同时亦可解决外排蒸汽可能对周围设备构成潜在威胁的问题。

另外，需要指出的是：我们新增的疏水阀与排凝手阀必须是并行的关系，而不能串入原有的排凝管路或直接使用疏水阀取代排凝手阀，因为那样的话夹套层中的空气就很难被再次顺利排出，而空气的导热性能又极差，将会严重影响到蒸汽加热时的工作效率。

5. 配料槽底部出口处增加 180 度下弯头

物料之所以会堵塞出料管线上的过滤器，首要的原因就是黏稠状的物料在进入相对封闭的"死水区"后，就无法再进行完全的溶解了，进而在出料时便会附着在滤网上将过滤器给堵塞掉；而当我们在配料槽底部出口处增加 180 度的下弯头（详见图 5 - 2 之⑤）后，虽不能让"死水区"消失掉，但物料要想再次进入其中却会成为一件极其困难的事情，如此，所有的物料就只能待在存有搅拌机构的配料槽中直至被完全溶解。没有了未被溶解的物料，堵塞滤网的物质也就不存在了，过滤器自然就会始终保持畅通无阻的工作状态。

案例分析：

参考图 5 - 2，本案例中值得说明的地方主要有以下三点：

1. 改善的类型

改善①是对人的操作方式和方法的调整，而改善②、③、④、⑤则可全部归纳为对生产设备及其结构的改良。

2. 改善的方法

改善①将员工每次操作手阀的个数由两个调整为单个，"取消（Eliminate）"了作业步骤中的多余操作；改善②、③、④、⑤则均采用了"增加（Increase）"的方式，确保了生产能够更好、更有效地运行。

3. 改善的作用

改善①解决了每次配料时冷却液都会发生外漏的难题；

改善②很好地防止了配料过程中泡沫的生成，有利于员工作业效率的提高；

改善③能有效把溶液温度控制在合理的加热范围之内，保证配料的质量问题，同时也能有效避免因温度过高可能导致的物料变质浪费；

改善④则最大程度地提高了蒸汽的利用效率，减少了浪费，一定程度上也有助于生产成本的控制；

改善⑤成功地预防了没有完全溶解物料的产生，保障了出料过滤器的畅通，不但能提高员工的作业效率，还大幅降低了作业时的工作任务量。

案例二：

企业生产过程中的很多物料，无论固态还是液态，往往都是处于与水混合的状态，并会以水为载体一起进入后续的生产系统。其中就不乏一些不溶于水的物料，而正常情况下它们的密度与水又不可能完全相同，于是在静止时就会出现分层的现象，但实际生产却要求物料与水始终保持相对均匀的混合状态。

根据以上所述，相信大家一般都能联想到如图 5 - 3 所示的物料供应系统流程图。而事实上，企业类似状况的生产中有不少的供料环节也正是采用此工艺流程给后续的生产进行供料的。在该生产工艺流程图中，储料槽里存放的便是水与物料共同组成的混合物，底部搅拌机构所起的作用正是保持水与物料处于相对均匀的混合状态，然后通过泵 P1/P2（用一备一）即可将水与物料的均匀混合物输送到后续的生产当中去。

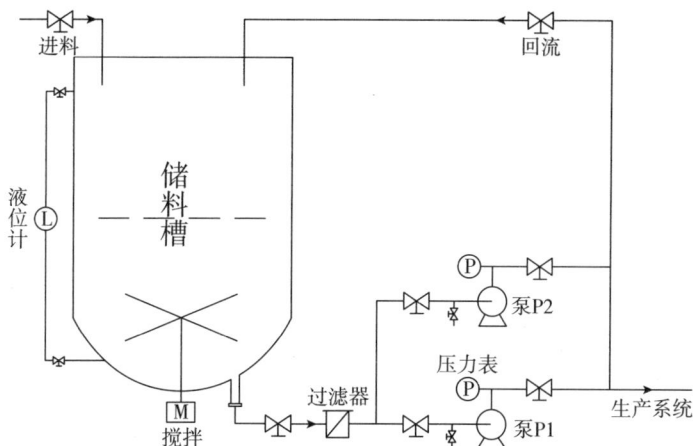

图 5 – 3 物料供应系统流程示意图（改善前）

问题说明：

该工艺流程虽能满足所述条件的各项要求，且在企业生产中也得到了广泛的应用，但在实践操作时，却有以下两个较为严重的弊端：

（1）泵 P1/P2 在运行的过程中，采用的是用一备一的工作方式，然而若突然出现跳停的情况，后续生产的物料供应就必将立刻被中断，对于工艺控制要求严格的生产来说定会造成大量中间产品的浪费。另外，即使某些生产对于工艺的控制要求一般，而备用泵亦可在短时间内启动起来，但泵的切换终究是需要一定时间的，所以也将会直接影响到整个生产的连续性与稳定性，同时对于部分产品的质量也可能会存在潜在的威胁。

（2）在生产的过程中，当搅拌机构出现问题时，一定时间内水与物料虽不会快速形成明显的分层现象，亦不会对整个生产构成大的威胁，但搅拌机构却不像泵 P1/P2 一样拥有备台，能够在短时间内进行恢复，而只有在对其进行维修后才能启动使用。可维修一般需要较长的一段时间，此时，水与物料就会比较容易出现分层的情况，若再继续进行强行的连续生产，则定会存在众多的潜在问题。

另外，当储料槽里的物料为密度比水大的固态小颗粒时，在搅拌机构停止的状态下，就可能会出现大量沉淀把搅拌桨叶全部埋没和抱死的情况，此时，即使搅拌机构修好了，若想再次启动也将会是件异常困难的事情，稍有不慎搅拌机构就有可能会被再次损坏。

改善方案：

针对本案例所述实际生产中存在的这两项问题，根据物料性质的不同，可分以下两种情况分别进行改善：

（1）当物料为液态或密度比水小的固态小颗粒时。

图5-4即为该情况下改善后的工艺流程图。由图中我们可以看出，此改善需做的改变有：

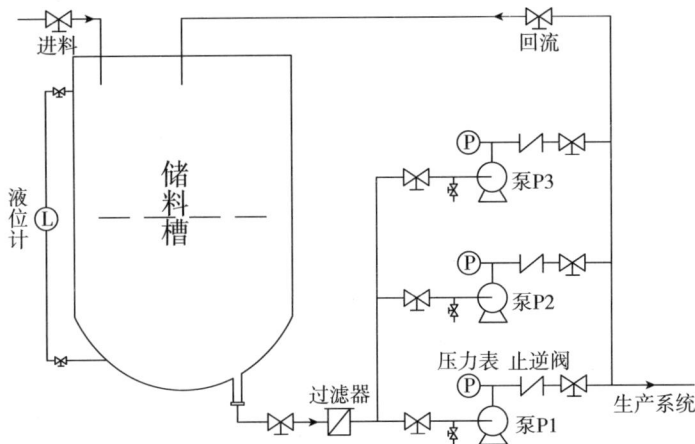

图5-4　物料供应系统流程示意图（改善1）

1）将物料输送泵的数量由两台增加到三台，并在每台泵的出口处安装上止逆阀。

2）把回流管线的出口位置调整到储料槽顶部的中间部分，同时要适当增加回流管线的管径。

3）直接取消掉原有的搅拌机构。

改善后的运行机理：

1）将物料输送泵的数量由两台增加到三台后，在运行时，即可采取用二备一的工作方式；而在每台泵的出口处安装止逆阀，则是为了防止运行两台泵中的其中一台出现问题时，该管线将会直接构成回路，使物料倒流。

2）在同时运行两台泵时，该部分总的物料供给能力将会翻倍，但后续生产所需的流量却没有发生改变。此时，我们就可通过回流的方式将新增的流量全部返回到储料槽中，从而在整体上形成两台泵的流量一半用于供给生产系统，另一半在给自身打循环的工作模式。而大量的物料在自身循环的过程中，能有效防止分层情况的发生，保持水与物料始终处于相对均匀的混合状态，起到与搅拌异曲同工的作用。

另外，因为原有的工作模式下，一台泵的输出流量主要用于供给生产系统，回流量并不大，所以回流管径一般都会相对较小，但在改变后，回流量便会大增，于是就需适当增加回流的管径以满足新状况的要求。而我们将回流管线的出口位置移至储料槽顶部的中间部分，则是为了能够获得更好的混料效果，让水与物料处于更加均匀的混合状态。

3）由于大量物料在进行自身循环的过程中即可让水与物料始终保持相对均匀的混合状态，于是就可将功能相对单一的原有搅拌机构作为多余的存在直接取消掉。

（2）当物料为密度比水大的固态小颗粒时。

图 5-5 即为该情况下改善后的工艺流程图，与图 5-4 进行对比我们就会发现，二者的不同之处主要有以下两点：

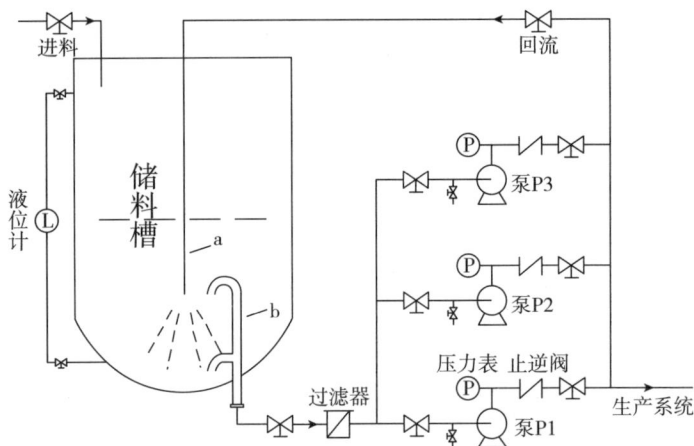

图 5-5　物料供应系统流程示意图（改善2）

a. 此改善在把回流管线的出口位置移动到储料槽顶部的中间部分后，又进一步将回流管线的出口长度延伸至储料槽底部的液面以下。

b. 此改善还在储料槽底部的出口处增设了一高一低 180 度与 90 度的两个下弯头。

改善后的运行机理：

通过图 5 - 5 与图 5 - 4 之间的对比可见，除了前述的两处差异外，改善的其他主体部分都是完全相同的，所以二者的运行机理基本也是一致的。而对于相同的部分此处就不再进行重述，下面将重点说明其中存有差别的地方：

1）与液态或密度比水小的固态小颗粒物料不同，密度比水大的固态小颗粒在静止时会在储料槽的底部形成沉淀，而沉淀一旦形成，若没有足够的冲击力，固态小颗粒在自身重力的作用下就很难再次与水进行有效的混合。在图 5 - 4 的改善中，虽然有大量的回流在给自身打循环，但该回流方式影响最大的却只是液面表层，对储料槽底部下层物料状况的实际影响就比较小了，特别是在液位较高时，底部远离出口的位置一旦出现沉淀，就很难自行消散。

所以在图 5 - 5 的改善中就将回流管线的出口长度延伸至储料槽底部的液面以下，作此改变后大量的回流将会直接进入储料槽底部的混合物料中，而强劲的回流速度又会带动底层的混合物料形成剧烈的湍流，不断冲刷储料槽的整个底部，既能有效防止沉淀的生成，还具有快速消除沉淀的作用，从而保持水与物料始终处于相对均匀的混合状态。另外，对于回流管线出口的具体位置，为了避免沉淀将出口堵塞掉，可参考固态物料的实际含量而定，正常情况下为了保证混合物料的整体流动性，其中的固体含量一般都不高，以 25% 为例，在储料槽液位为 100%，出现沉淀时，最大也只会在储料槽高度的 1/4 左右，而实际运行中，储料槽内的液位大都会被控制在较低的水平，此时，我们就可将回流管线的出口设定在储料槽高度的 1/4 处或更加偏低些的位置。

2）同样因为沉淀的缘故，为了防止固态物料堵塞储料槽底部的出口，于是就在该出口处增设了一高一低180度与90度的两个下弯头。而关于下弯头的应用，在本章的案例一中也出现过，但此三者的作用却是不尽相同的。

这里，处于高位的180度下弯头主要是为了防止物料完全堵塞储料槽出口的情况发生，其实际高度的计算方法与稍前回流管线出口位置的设定完全相同，因此将二者的高度保持一致即可。而处于较低位的90度下弯头，其首要作用则是在正常停车时让储料槽中剩余的物料尽可能的少，所以它的高度设置应尽量的低；除此之外，其还具有特殊情况下防止固体物料大量进入以致堵塞出口管线的功能。

案例分析：

综合本案例的整个内容我们就会发现，此改善的本质是将保持水与不溶于水的物料处于相对均匀混合状态的方法，由功能相对单一的搅拌机构向通过增大回流打循环的方式转变的过程，而其中的要点有：

（1）改善的类型。

将图5-4、图5-5分别与图5-3进行比较，非常容易就能看出，这两种情况下改善的核心都属于对部分工艺流程的变更。

（2）改善的方法。

本案例首先把物料输送泵的数量由两台"增加（Increase）"到三台，而后采取用二备一的工作方式，通过增大回流打循环实现与搅拌相同的功用，进而将二者进行"合并（Combine）"，此时，储料槽上原有的搅拌机构就会成为多余的存在，便可将其直接"取消（Eliminate）"掉。

（3）改善的作用。

与原来的工艺流程图相比，改善后的工艺流程虽然取消了搅拌机构，但却新增了一台物料输送泵，而在运行时，原来是搅拌机构与一台泵在工作，现在则需同时启动两台泵。虽然在表面看来改善前后的区别并不大，可实际应用中却有如下三点好处：

1）有利于实现生产的整体连续性与稳定性。

在原有的工艺流程中生产运行时，无论是搅拌机构还是工作的物料输送泵，只要其中的一个发生故障，就会出现本案例"问题说明"部分中所述的一些问题。而在改善后，生产中会有两台物料输送泵在同时运行，即使其中的一台突然停止工作，后续生产中的物料供应也只会降低，却不会被直接完全中断掉，此时只需立即调小回流，便可迅速保证后续生产的正常物料供应，且第三台备用泵亦能在很短的时间内启动起来。于是生产很快便可恢复如初，从而保障了生产的整体连续性与稳定性，同时也有助于产品质量的提升。

2）彻底解决了生产中搅拌机构可能带来的任何问题。

从本案例的"问题说明"部分中可以看出，搅拌机构一旦出现问题，解决起来相对还是比较棘手的，而此改善将储料槽上的搅拌机构直接取消掉后，生产中任何与搅拌相关的问题自然也就不复存在了。

3）方便备品、备件的管理。

改善后的工艺流程中取消了搅拌机构，于是与其相关的各类备品、备件也就没有了；而新增的一台物料输送泵与原有的两台完全相同，无须额外的备品、备件，因此备品、备件的总体数量就会有所减少，而管理起来也必将会方便许多。

案例三：

提及倒班制度，对于在连续性生产企业工作过的人员来说应该都不会陌生。而在各种各样的倒班制度中，又以每班工作八小时的"四班三倒"制最为常见，故本案例就以其为例来说明倒班制度中普遍存在且影响又甚为严重的一个问题。

四班三倒制有时也被叫作"四班三运转"或"四三制"，通常会以八天为一个循环周期（也可称之为一个轮班），其得名是因为：正常生产中，它需要将倒班的员工分成四个不同的运行班组，然后按照既定的编排顺序，采取早、中、夜三班轮流工作的形式，从而保证企业设备能够始终处于连续不间断的生产运行状态。表5-1即为某月份一生产企业倒班班组的排班表，稍加观察，大家便能很快看出四班三倒制中的运行规律。但其中需要注意的一点是：很多不了解倒班的人会把夜班看成是每天的最后一个班次，而在实际倒班的过程中，夜班却恰恰是一天的首个班次。

问题说明：

对于所有人来说，要想理解四班三倒制中的运行规律并不难，特别是以前经历过或目前正在倒班的人，对其可能更是早已了如指掌；但因为四班三倒制的存在由来已久，而运用亦是相当的广泛，故

表5－1　倒班班组排班表（改善前）

日期 班次	1	2	3	4	5	6	7	8	9	10	11	12	13	14	15
	三	四	五	六	日	一	二	三	四	五	六	日	一	二	三
甲班	早	早	中	中	休	夜	夜	休	早	早	中	中	休	夜	夜
乙班	中	中	休	夜	夜	休	早	早	中	中	休	夜	夜	休	早
丙班	休	夜	夜	休	早	早	中	中	休	夜	夜	休	早	早	中
丁班	夜	休	早	早	中	中	休	夜	夜	休	早	早	中	中	休

日期 班次	16	17	18	19	20	21	22	23	24	25	26	27	28	29	30
	四	五	六	日	一	二	三	四	五	六	日	一	二	三	四
甲班	休	早	早	中	中	休	夜	夜	休	早	早	中	中	休	夜
乙班	早	中	中	休	夜	夜	休	早	早	中	中	休	夜	夜	休
丙班	中	休	夜	夜	休	早	早	中	中	休	夜	夜	休	早	早
丁班	夜	夜	休	早	早	中	中	休	夜	夜	休	早	早	中	中

大家也就很少再去思考其中是否存有问题，或对存在的问题早已习以为常、不以为然，才使我们这里要讲的问题持续至今。

首先，为了适当增加内容的直观性，可把表5－1中不同班组之间的交接班顺序简化、总结为如图5－6中所示的规律。图中，甲、乙、丙、丁分别代表其中的四个班组，箭头所指则表示交接班的方向。

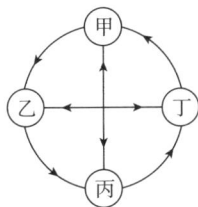

图5－6　交接班规律示意图（互换前）

现在，综合表5-1与图5-6，我们可把本案例中四个班组长期以来的倒班情况大致归纳如下：

（1）每八天的一个轮班中，四个班组都是上六休二。

（2）甲、乙、丙、丁四个班组在交接班的过程中形成了一个闭环，并以此为顺序，相邻的两个班组之间构成了上下班的关系，以甲和乙为例，甲为乙的上班，乙是甲的下班；而没有相邻的两个班组，我们则可称之为对班，例如，甲与丙即互为对班。

（3）在每个轮班中，对班都会互相进行交接班各一次。

（4）对相邻的两个班组而言，上班可以交班给下班，却永远不可能接班于下班，同样以甲和乙为例，一个轮班中甲共计要给乙交班五次，但从乙接班的次数却是零。

至此，本案例要讲的关键问题点基本已凸显了出来，那就是：倒班制度中相邻两班组的交接班方向都是单向的，同时也代表着二者之间在交接班时上班永远处在交班的位置，而下班只能是接班的位置。但对于没有倒过班的人来说，或许很难理解其中所隐藏的问题，故这里非常有必要做一个简单的说明：

员工在上班的过程中，通常都会有各种各样的工作需要解决和处理，于是在交接班时难免就会有自己没有完成的工作要留给下个班去做，但对邻班中的上下班而言，正如上段中所述，二者之间的交接班方向是单向的，所以也就意味着始终只能是上班给下班留任务，换句话来说，也就是下班会经常需要去帮助自己的上班解决遗留下来的问题，上班却无法为下班做任何的事情。

如此一来，大家可以想象，实际生产中就会非常容易出现以下两种很是极端的情况：

（1）对消极的人来说，上个班给我留活干，我就给下个班留更多的活去做，而如此的循环一旦开始，员工在交接班时没有完成的工作就会如滚雪球般越积越多，最终影响到生产的顺利进行。

（2）就激进的人而言，他们会觉得自己的上班不能为自己做任何的事情，那么，自己为什么要帮上班处理问题呢？上班没有完成的任务就应该由上班自己来解决。而这种思想一旦蔓延开来，不但会严重损害到大家在工作中的正常合作关系，更会大幅增加员工之间出现矛盾的概率。

到目前为止，大家应该都已明白本案例所讲的关键问题点以及它的严重性了，那么下面我们就再来说下该问题会给企业生产带来哪些不利的影响。

（1）由于邻班在交接班时所处的位置是完全不同的，所以他们在遇到事情、解决问题时的利益出发点也会各不相同，此时就非常容易导致稍前两种很是极端的情况发生，而每种情况的出现都将给企业的生产带来极其不利的影响。

（2）倒班是一个无限循环的过程，当员工之间出现矛盾时，若一直没有恰当的解决办法，矛盾就会不断地叠加。也许在很多人看来，员工之间发生的矛盾多数都是微不足道的，但当矛盾积累到一定程度后，则必定会导致员工之间不可控的冲突，而企业的生产也必将会深受牵连。

（3）大家都知道"积水成渊"的道理，综合前两项所述，我们就能想象到从倒班制度诞生至今，该问题已经给众多生产企业的发展带来了多少不必要的麻烦，而从目前来看，倒班制度在未来很长的时间里还会一直存在下去，也就是说，该问题若得不到有效的解决，其将会继续长期阻碍大量企业的快速进步与发展。

另外，在第二章的案例二中，员工在交接班时之所以会比较容易出现互相找茬、挑刺的情况，就与邻班在交接班时所处的位置完全不同有着非常密切的关系。因此，我们亦可将其看成是本案例所讲问题的一个有力佐证。

在以上的内容里，我们所说的都是关于邻班在交接班时的一些问题，而在倒班制度中，除了邻班，还有就是对班了，那么对班的状况会是如何呢？

总的来说，与邻班相比，对班在倒班的过程中一般就都能和平相处，而其中的原因可大致分析如下：

每个轮班中，对班都会互相进行交接班各一次。而在这种操作方式下，虽然每次二者之间交接班时大家所处的位置依旧不同，但就长期而言，他们的位置却是在不断互相转换的。如此一来，互为对班的两个班组之间则更容易成为可以互相帮助对方解决工作中没有完成任务的合作伙伴，且二者的关系一旦出现问题，对双方都会产生不利的影响。于是，即使当二者之间出现分歧或者矛盾时，他们大都也会更加倾向于通过协商一致的方法去解决存在的问题，并尽最大可能去维持和平相处的工作状态。

改善方案：

在前面的"问题说明"部分，我们已经把本案例中的关键问题点以及它的存在会给企业发展带来的严重影响都进行了颇为详细的说明，接下来就和大家一起研究一下是否能为该问题找到比较理想的解决办法。

关于具体的解决办法，或许我们可以借鉴一下为什么对班能在倒班中实现和平相处的经验，即每个轮班中对班都会互相进行交接班各一次。那么，有没有可以让邻班之间也能进行互相交接班的办法呢？对于这个问题答案当然是肯定的，而且办法不止一种，所以，这里另外一个非常重要的问题就是：哪种办法会更加简单易行？

此处就为大家介绍一种非常容易即能实现邻班之间交接班位置互换的办法，具体要怎么做呢？只需在当前的四班三倒制中新增一条如下的规定：

每月固定、连续的两天中，正休（即第二个夜班后的轮休）的班组于当天将班次与对班进行互换。其中，连续两天的规定是因为倒班的过程中每个班次要连续上两天，而具体的日期则可根据自身的实际情况而定。

为了便于理解，我们就以本案例中前述四个班组的倒班情况为例来做进一步的说明，其中的日期可规定为每月的 15 日、16 日。观察表 5 - 1 就会发现，在规定的两天时间里，存在休息日的有甲、丁两个班，但说到正休则就仅剩甲班在 16 日的休息日了，于是将甲的班次与对班丙在 16 日当天进行互换后，即可得到如表 5 - 2 所示的倒班排班表。

接着，我们就来看一下表 5 - 2 中的倒班情况有何特别之处：

1. 交接班的顺序

仔细观察表 5 - 2 中后半个月的倒班情况，就会发现四个班组的交接班顺序已经由图 5-6 变成了如图 5-7 中所示的规律，将两图进行对比，非常容易就能看出所有邻班在交接班时所处的位置均已发生了正如我们所期盼的互相转换。以此类推，在以后每个月的 15 日、16 日大家的倒班顺序都将会发生一次类似的转变，从而实现邻班之间交接班位置的定期互换。与对班情况不同的是，邻班位置互换的周期为一个月，时间相对要久一些，但这并不会妨碍邻班之间在长期工作的过程中形成类似对班一样的合作关系。

表 5-2　倒班班组排班表（改善后）

日期	1	2	3	4	5	6	7	8	9	10	11	12	13	14	15
班次	三	四	五	六	日	一	二	三	四	五	六	日	一	二	三
甲班	早	早	中	中	休	夜	夜	休	早	早	中	中	休	夜	夜
乙班	中	中	休	夜	夜	休	早	早	中	中	休	夜	夜	休	早
丙班	休	夜	夜	休	早	早	中	中	休	夜	夜	休	早	早	中
丁班	夜	休	早	早	中	中	休	夜	夜	休	早	早	中	中	休

日期	16	17	18	19	20	21	22	23	24	25	26	27	28	29	30
班次	四	五	六	日	一	二	三	四	五	六	日	一	二	三	四
甲班	中	休	夜	夜	休	早	早	中	中	休	夜	夜	休	早	早
乙班	早	中	中	休	夜	夜	休	早	早	中	中	休	夜	夜	休
丙班	休	早	早	中	中	休	夜	夜	休	早	早	中	中	休	夜
丁班	夜	夜	休	早	早	中	中	休	夜	夜	休	早	早	中	中

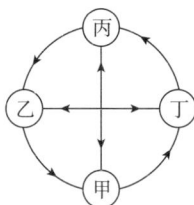

图 5-7　交接班规律示意图（互换后）

2. 上班的天数

正常倒班的过程中，所有班组都是上六休二，相信大家都不会有什么异议。但观察表 5 – 2 就会发现，甲班在 9 日到 20 日的 12 天以及丙班在 13 日到 16 日的 4 天时间里，并未处于上六休二的正常倒班状态，这时部分人可能就会担心新增规定会影响到大家的正常上班天数。真的会这样吗？通过简单的计算即能看出：甲的 12 天时间里共计上了 9 个班，却也休息了 3 个班，而丙的 4 天时间则是上 3 休 1。故总的来说，二者其间的倒班状况与正常的上六休二并无大的不同，因此倒班制度中的新规定并不会影响到大家正常的上班天数。

3. 倒班中的休息问题

在将大家的交接班顺序由图 5 – 6 向图 5 – 7 转变的过程中，观察表 5 – 2 就会发现，在 16 日当天，甲的班次是由夜班直接转换成中班的，中间仅错了一个早班，那么休息的时间会不会太短了呢？其实不然，在甲的班次由 15 日夜班到 16 日中班转换的过程中，其间要跨越乙 15 日的早班、丙 15 日的中班、丁 16 日的夜班以及乙 16 日的早班，然后才是甲 16 日的中班，因此，中间并不存在休息时间不足的问题。而之所以会出现前面的疑问，其中的原因其实早在本案例的开始部分就提到过，这是因为很多不了解情况的人会把夜班看成是每天的最后一个班次。

案例分析：

与前面的两个案例进行对比，就会发现本案例中所讲的具体内容与企业实质性的生产联系并不大，那么，其中会有哪些可以分析的知识点呢？

1. 改善的类型

此改善的核心内容是对员工自身倒班方式的一种改变，故可将其视为是对操作方式、方法的调整。

2. 改善的方法

本案例中的改善主要是通过不断"重排（Rearrange）"四个班组之间的倒班顺序，实现了邻班之间交接班位置的定期互换，进而有利于大家都能在长期的工作当中成为关系颇为紧密的合作伙伴。

3. 改善的作用

本案例中的改善，作用相对会单一一些，主要起到有利于减少企业员工之间的矛盾、能够创建和谐工作氛围的目的。但大家却不能因为此改善的作用相对单一而小看了它，原因是企业发展以人为本，若员工之间始终矛盾重重大家就不可能真正团结到一起，企业也就很难得到十足的发展。

第六章　6S 管理

在大家的工作历程中，不知是否也同样经历或遇到过下面的一些事情？

（1）每到干活时，都会因为没有合适、可用的工具而发愁。

（2）为寻得要用的物件，经常需要在不同的材料库房之间东奔西跑，而后再翻腾半天。

（3）在我们把工具或物件拿到现场，准备使用时却发现它是坏的。

（4）周围的很多同事都有私藏工具和备品、备件的习惯。

……

而如果您所在企业的工作状况当前正如上所述，只能说明一个问题，那就是企业的 6S 工作完全没有做到位，或早已沦落为一项形象工程而存在了。为了能够让 6S 管理在企业发展中起到其应有的作用，本章我们将重点讲些与其相关的内容，期望大家对它的理解和认识能够更上一层楼。

一、6S 管理

目前，作为人们所公认的企业现场最基本管理方法之一的 6S 管理，因其应用的领域极其广泛且作用强大而为众人所熟知，同时各大企业采用 6S 管理内容做成的各类展板、海报、宣传画等更是随处可见。关于 6S 管理，本部分将重点说一下大家所熟知的一些理论性内容。

（一）6S 管理的形成

6S 管理是 5S 管理的升级，5S 的来源是日语中整理（SEIRI）、整顿（SEITON）、清扫（SEISO）、清洁（SEIKETSU）、素养（SHITSUKE）的罗马拼音均以"S"开头，而在新增一项"安全（SECURITY）"后，便成了现在的 6S 管理。

（二）6S 管理的具体诠释

（1）整理——将工作场所的所有物品区分为有必要的和没有必要的，除了有必要的留下来，其他的都清除掉。

目的：腾出空间，空间活用，防止误用，塑造清爽的工作场所。

（2）整顿——把留下来的必要物品依规定位置摆放，并放置整齐、加以标识。

目的：使工作场所一目了然，有效减少寻找物品的时间，创造整齐的工作环境，消除过多的积压物品。

（3）清扫——将工作场所内看得见与看不见的地方都清扫干净，保持干净、亮丽的作业环境。

目的：稳定品质，减少工业伤害。

（4）清洁——将整理、整顿、清扫进行到底，并且制度化，保持作业环境始终处于整洁的状态。

目的：创造明朗现场，维持上面3S的成果。

（5）素养——每位员工养成良好的习惯，并遵守规则做事，培养积极主动的精神（也可称之为习惯性）。

目的：培养习惯良好、遵守规则的员工，营造团队精神。

（6）安全——重视员工安全教育，使其每时每刻都牢记安全第一的观念，防患于未然。

目的：建立安全的生产环境，所有的工作都应在安全的前提下进行。

（三）6S 管理的作用

（1）提升企业形象：整齐清洁的工作环境，能够在无形中抬高企业在合作伙伴中的地位，亦有助于增加员工在企业中的归属感。

（2）减少浪费：如果场地杂物乱放，则会致使很多物品无处可放，而这正是一种典型的空间浪费。

（3）提高效率：良好的工作环境有助于员工集中精力工作；而物品摆放有序则能有效缩短使用时的寻找时间，进而有利于工作效率的提高。

（4）质量保证：一旦员工养成了做事认真严谨的习惯，他们工作中出错的概率将会大幅降低，随之而来的就是产品质量的飞速提升。

（5）安全保障：6S 管理能使现场规范，通道顺畅，员工养成认真负责的习惯，安全事故发生的可能性自然也就降低了。

（6）提高设备寿命：对设备及时进行清扫、点检、保养、维护，可以延长设备的寿命。

（7）降低成本：做好 6S 可以减少管理中的人员、设备、场所、时间等方面的浪费，从而能够实现企业整体生产成本的下降。

二、6S 管理的现状及问题分析

通过上一部分的介绍我们可以看出，6S 管理的具体内容甚是简单明了，而它的作用却又异常强大，这也是很多企业都争先恐后将其引进的一个重要原因。但在 6S 管理的实际应用中，多数企业的收效却又是微乎其微的，让人觉得可有可无，于是 6S 管理最后也就逐渐完全沦落成为了一项形象工程。

就当下而言，6S 管理之所以会在很多企业中难以发挥出它应有的作用，其中的主要问题及原因可大致归纳为以下的七个方面：

（1）企业在推行 6S 管理时过于急功近利。

因为在表面看来，很多人都会觉得 6S 管理的具体内容实在是太简单了，没有任何执行的难度，而且外界也都在大力地推广 6S，此时，企业的管理者就非常容易产生急功近利的心理，常见的表现如下：

1）在推行 6S 管理时，管理者自己对 6S 的认识都处于一知半解的水平，他们中的多数人也仅是知道其中的字面意思，并没有深入思考过具体该如何去执行的问题。

2）不注重员工的培训工作。很多企业在开展 6S 管理时，都是强制执行的，员工并不明白 6S 的真正含义所在。于是，执行的过程中，员工大多只能是依葫芦画瓢，难得其中要领，可想而知，最后的结果就常会让人大失所望，如此，大家的辛苦劳动也就付之东流。

3）很多企业在落实 6S 管理时，都缺少必要的计划和准备工作，故在实施的过程中，常常是东一榔头西一棒槌，而负责 6S 的相关人员有时也是东拼西凑的，这些问题都将会直接影响到 6S 的管理成果，甚至导致最终一无所获的情况发生。

（2）6S"整理"中废旧物品处理机制不健全的问题。

在企业待过的人应该都知道，工作中的很多废旧与无用物品并不是一两个人想处理就能处理得掉的，这是因为其中大都会牵涉到公司财物以及其他一些类似的问题。而在实际管理中，企业对废旧与无用物品的处理程序往往又没有明确的规定，于是，就极易导致在 6S"整理"的过程中，很难将那些没有必要的物品尽数给消除掉。

更甚的是，部分企业的 6S 执行者就可能会为了躲避这其中的难题，将 6S 中的"整理"作业给完全忽略掉，直接进行后面其他环节的操作。

（3）6S"整顿"中缺乏系统的统筹规划。

统筹规划是要求人们在做事情前需对其进行全面的考虑与筹划，但在6S"整顿"时，执行者们却往往都不怎么注重其中的统筹规划工作，具体的表现主要有：

1）"整顿"前并不清楚必要物品的种类和具体数量，也未统计过适合不同物品存放的位置和空间到底有多少，于是部分必要物品在6S"整顿"中就非常容易被遗忘掉，以致最后出现"无家可归"的情况。而每到检查、评比时，这些物品就会被四处隐藏起来，甚至会被某些员工直接丢弃掉，如此一来，大家可以想象，再次使用时，也只有当时的"经办人"才知道到哪里去找这些东西了。

2）"整顿"时，执行人对各类物品在生产中的实际使用情况了解不足，在布局、摆放物品的过程中多是仅凭个人感觉而定，遇到一个处理一个，随意性非常强，故最终布局、摆放的结果难免就会存在诸多不合理的地方。

3）"整顿"后未能将物品重新调整过的布局状况作出总结，制成总的物品归类、摆放布局表或图，这常会致使大家在使用时，依旧很难清楚地知道自己所找物品的具体位置，需要在不同的材料库房之间东奔西跑，而后再翻腾半天，这样下来，消耗的时间与6S"整顿"前并无大的不同。

（4）6S"清扫"中的问题。

也许在大家看来，"清扫"是6S管理中最没技术含量的工作了，而在执行的过程中也不应该会存在任何的问题。但在实际操作时却往往有以下两个重点问题亟待解决：

1）"清扫"用具的质量过差。

作为生产中的辅助用品，因为"清扫"所用工具的好坏一般都不会直接影响到生产的正常进行，所以企业在采购此类物品时，与工具的质量相比通常会更加注重其价格。而劣质的"清扫"用具不仅会降低员工的作业效率、有损清扫的质量，还会造成相关用具的损耗速度过快，甚至导致计划采购周期内出现无物可用的情况。

2）"清扫"用具在作业现场布局、摆放的数量严重不足。

很多企业在进行 6S 管理的过程中，为了能够让车间的作业环境显得更加干净、整洁，会将那些与生产关联不紧密的物品全部清理出去，而这其中往往就包括我们现在所讲的"清扫"用具（特别是垃圾桶/箱）。如此一来，大家可以想象，当偌大一个生产车间，却没有布局、摆放任何的"清扫"用具时，员工该如何及时处理出现的垃圾以维持整个车间的环境状况呢？

（5）6S"清洁"中缺少必要的管理制度。

从词语的字面意思我们就能看出，"清洁"作为形容词，表示的是一种长期干净、整洁的状态；但"整理"、"整顿"和"清扫"却都是动词，而它们得到的永远也只能是一个暂时的结果。所以，若想维持"清洁"的状态，就需要将无数个暂时的结果有效地连接起来，此时就需要建立起相应的管理制度。

然在 6S 执行的过程中，很多企业却忽略了制度的建设，即未能将 6S 管理的内容进行制度化，致使 6S 成果很难得到长久的维持；而为了应付领导的检查和评比，工作中便出现了经常搞突击性大扫除的情况，久而久之不少人也就比较容易将 6S 与大扫除等同起来。

另外，若企业在建立了相应的管理制度后，6S成果依旧不尽如人意的话，此时就应该考虑制度的合理性，还有就是监督是否做到位了。至于其中的具体问题点，参考前面第二章与第三章的内容，相信大家都能寻得自己需要的答案。

（6）6S"素养"方面的影响因素。

员工的习惯直接决定着企业6S工作的成功与否，然而习惯的培养却是一个相当漫长的过程，但就目前来说，大部分企业的6S工作在该方面还处于十分初级的阶段，而员工的"素养"不高，亦将严重影响到6S管理作用的正常发挥。

（7）6S检查、评比工作中的一些不足。

检查、评比工作作为推进6S管理的有效监督活动，它的作用本应是积极、正面的，但在实践的过程中，由于操作的问题，却也可能会造成消极、负面的影响，此处，我们可将其中比较常见的一些情况总结如下：

1）因为不少企业领导对6S管理的理解和认识不够深入，故在检查、评比时也就很难抓住其中的要领，常会出现走马观花、敷衍了事的结果。所以，可想而知，企业的6S检查、评比工作就极易演变成为一种形式或者过场。

2）检查、评比时企业领导过分注重物品布局、摆放的外在美观性，却往往忽略了更加重要的实用价值，致使6S管理成果中常会存有大量中看不中用的东西。

3）检查、评比的标准脱离实际的要求。一般情况下，企业不同车间的工艺要求和生产条件都是各不相同的，所以各车间的6S标准也应该有所差异才对，就如我们不应该以办公室的标准来衡量某个车间的卫生状况那样。但在执行时却很少有领导能够清晰地认识到这一点，于是，6S 管理中较为普遍的一种现象也就产生了，即每到检查、评比时大家都在拼命地做 6S 工作，然而平时却很少有人认真地去负责，其中原因正是领导要求的标准过高，大都难以做到，而即使一时做到了也无法得以长久维持。

三、如何才能做好企业的 6S 管理工作

基于上一部分 6S 执行过程中讲到的主要问题，若我们想要做好企业的 6S 管理工作，就必须做好下面的七件事情：

（1）全员的学习与培训。

有条件的企业，在落实 6S 工作前应尽量做到对全员的系统培训，而受条件所限的企业亦应组织部分有能力的员工对 6S 管理知识进行全面的学习，同时将相关的 6S 资料下发至各部门、岗位，让所有员工都能对 6S 及其作用和益处有一个全面、清晰的认识，如此，大家在对待企业的 6S 管理工作时，也将会是更加积极与支持的态度。

（2）组建 6S 工作小组。

组建 6S 工作小组时，主要可依据前期培训与学习的情况，尽量挑选那些更加了解作业现场的员工，只有这样，6S 最终结果的实用性才会更强、更贴近实际的需求。但在具体操作的过程中，很多企

业的员工往往都是"一个萝卜一个坑",很难将那些从事操作、熟悉现场的优秀员工抽调出来,而这也是导致6S结果比较容易脱离实际,走上形式主义的一项关键影响因素。

同时,6S小组成员中亦应具有一定数量擅长加工、制作的机修人员,因为在落实6S管理的过程中,必定会存在很多需要改进和重造的地方,而机修作业员工的加入不但能够迅速、有效地解决此类问题,加快6S工作的进度,还能让现有的资源得到更加合理的利用,减少不必要的费用支出。

(3)充分的计划、准备工作。

6S管理的推行不能操之过急,充分的计划与准备工作是非常有必要的,而这其中的重点内容主要有以下两项:

1)步骤的选择。

在企业首次推行6S管理的情况下,绝大部分的员工是"摸着石头过河",因此在选择开始对象时,大家更应该考虑按照从易入难、由简单到复杂的顺序进行。如此操作的好处在于,当出现错误或有不恰当的地方时,相对会比较容易更正,同时6S人员亦可在最初的实践中进一步去学习和认识6S的真谛,这样以后在借鉴他人成果的时候,也能够更加有效地抓住其中的精髓所在,而不再是单纯的模仿行为。这些都将为其他更为复杂的6S工作积累可靠的经验和打下良好的基础。

此外,6S的推行工作宜采用"集中优势兵力各个击破"的方式进行,而不是以"遍地开花"的形式开展,道理与上一段落中基本相同,都是由于在起始阶段大家对6S的认识不够深入,也正因为如此，前者的速度相对较慢，且是稳扎稳打，故就非常适合企业 6S 管理在推行阶段的工作；而后者虽然表面看起来非常容易取得成效，但却也是好大喜功的表现，因为我们都知道"一口是不能吃出个胖子的"。

2）常用工具与材料的准备工作。

很多企业在做 6S 工作时，通常的工具都是抹布、扫帚加簸箕，然后就很少再有其他的用具了，这也是不少人把 6S 当成大扫除的另外一个重要原因。而之所以会出现这种状况，大多是因为企业在推行 6S 管理时，没有做好相关工具与材料的准备工作，进而导致很多的 6S 工作根本无法落实到位。此处，可将 6S 中常用的其他一些物品进行简单的举例，如定位胶带、定位贴、标签、卡片、各色自喷漆等，但若在准备时，这些物品的具体种类和数量还需依据实际情况而定。

（4）6S 对象的了解和认识。

在我们对每个管理对象进行 6S 工作前，都需要对它有一个全面、彻底的了解和认识，而具体来说则主要是指非必要物品的区分、必要物品的统计以及发现适合不同物品存放的位置和空间总共有多少，还有就是通过 6S 对象的相关作业人员掌握各类物品在实际应用中的详细使用状况如何，如此方能开始进行下一步的 6S 管理工作。

（5）合理的规划与布局。

在对 6S 的对象有了详细的了解和认识之后，接下来的工作就是合理规划与布局的问题了，即把不同的物品摆放到更为理想的位置上去，这里，具体的操作就会因目标对象的实际状况而各不相同了。

尽管如此，还是有一定规律可循的，例如：在对物品的摆放位置进行重新规划和布局时，我们按照先大后小、由重到轻以及从常用到不常用的顺序开展，将能有效提高6S工作的作业效率，大幅降低在后期使用过程中出现问题的概率。另外，大家亦可在实践中去总结更多属于自己的规律，而这些对企业的6S工作都将会有莫大的帮助。

此处，值得注意的还有以下四方面的内容：

1）在物品摆放的过程中，应将实用性作为第一原则，如此，6S的最终结果方能更加符合员工的作业规律，进而有利于工作效率的提高。

2）在考虑物品的放置方式时，应将"挂"放在"摆"的前面，因为"挂"比"摆"有如下三个优点：

a. 卫生清洁时，不用来回挪动物品，便于6S的维护工作。

b. 与"摆"相比，"挂"的方式相对更加节省空间。

c. 即使物品的位置因为某些原因发生了改变，"挂"着的物品在自身重力作用下一般也能自动"复位"。

3）在规划、布局时，务必要将相应的"清扫"用具考虑进去，因为"清扫"用具管理的得当与否，将会直接影响到后期6S成果的长久维持工作。

4）在我们完成"整顿"作业后，需将"整顿"后的物品布局、摆放状况做成图或表的形式，并告知每一位员工。只有这样，大家在使用时方能快速找到自己所需物品的具体位置，进而缩短拿取过程中消耗的时间。

（6）6S 管理内容的制度化。

有关采用制度管理的必要性，在前面的第二章中我们就已详细介绍过，故这里就不再做过多的解释，但在将 6S 管理内容进行制度化的过程中，却有如下几点需要引起 6S 工作人员的足够重视：

1）6S 内容制度化的过程，不但是要建立新的管理制度，还需要将现有相关制度中的不合理、不健全部分予以修订和完善。

2）在制定 6S 管理制度时，需全面考虑管理对象在使用过程中出现各种状况的可能性，进而制定出相应的管理办法，例如：工具的日常保养和老化、损坏时的维修、报废与更换工作，废旧物品的回收、处理以及能否再利用的具体操作问题等。类似的问题看似简单，但在制定制度时若有所遗漏，则必将会严重影响到后期 6S 的执行问题。

3）在制定 6S 的执行标准时，并不是越严格越好，而是"适合自己的才是最好的"，所以，我们在制定执行标准时，更应该尊重不同岗位相关员工提出的参考意见，如此，6S 工作才能更加深入人心，得到更好的落实。

4）将 6S 管理内容制度化是培养员工良好习惯的一种重要手段，亦是提高员工"素养"的一条必经之路。

（7）有效的监督与检查。

由前面第三章的内容我们可知，监督与检查是企业各项管理工作中都不可或缺的一个重要组成部分，且其落实的到位与否，直接关系着相关工作的成功或失败。而就监督与检查的对象来说，则不但包含对已经完成结果的一个检查，更重要的是对作业过程的监督工作，如此，在遇见问题时，方能更好地"透过表象看到事物的本质"，进而有利于从根本上解决管理中存在的各项不足。

但在目前的6S管理工作中，此项任务却往往为过于形式化的检查、评比活动所代替，而从词语的表面意思大家就能看出，检查和评比的内容通常会更加在意一个临时的表面结果，并不注重发现6S管理中存在的实质问题，这就极易导致6S工作始终处于相对初级的阶段而停滞不前。

四、6S 管理案例分析

生产工具是企业每个车间、岗位的员工在工作中都必不可少的用具，比较常见的如各类通用的扳手、钳子、榔头、扫把、梯子等，还有就是一些特殊设备的专属操作和维护工具，以及其他常用的对讲机、移动照明设备等。因此，该类物品于生产中存在的数量可以说是相当庞大的，而若从使用的频次或者范围上来讲，这也是企业中其他绝大部分物品所不可比拟的，故而工具管理的好坏将会直接、严重影响到生产进行得顺利与否。所以，对生产工具的管理自然也就成了企业6S工作的一项重点内容。

然而就当前而言，很多企业在采用6S方式对生产工具实施管理的过程中，却往往是"金玉其外，败絮其中"，由此可想而知，最终的结果难免就会让人大失所望，具体表现主要有以下的五个方面：

（1）工具大量损坏却无明确、合理的解决与处理办法，导致员工在工作中经常会没有合适、可用的工具。

（2）缺乏基本的维护和保养机制，很多工具的可靠性、灵活程度以及卫生状况能让使用者"望而生畏"。

（3）工具的摆放缺少恰当、完整的定位方式和措施，每次工作完成后，员工放置工具的位置都会千差万别，而有时亦会出现将大量工具胡乱堆积在一起的情况。

（4）规定的工具摆放方式实用性不强，与工作中的使用情况时常格格不入，而为了应对领导的检查和评比，员工还不得不花费大量额外的时间和精力去维持此种形同虚设的摆放样式。

（5）6S 检查、评比时，通常只关心工具摆放的整齐与干净程度，却很少在意工具自身的状态如何、位置放置的合理与否以及相关制度是不是健全的问题。

问题分析：

针对以上所列举 6S 工作在企业工具管理中常会存在的一些具体问题，我们可做如下进一步的详细分析：

（1）很多企业的员工每到干活时就会非常发愁，说到这里或许大家会认为是他们比较懒惰，其实不然，因为他们中的大部分人还是非常勤快的，那发愁的真正缘由会是什么呢？答曰：是由于没有合适与可用的工具。而此话虽然看似非常简单，但深入思考后我们就会发现其包括了两层的含义：一是说工具是有的，二是讲工具不合适或不可用。

如此一来也便有了接下来的问题：究竟是什么样的原因造成了工具的不合适与不可用呢？其实这里面的影响因素是多种多样、举不胜举的，但若归根结底的话却就都是管理上的问题了，而在此处首先也就是指企业的 6S 工作。

基于实践，类似本案例中工具大量损坏，致使员工每到干活时都会因为缺少合适、可用的工具而发愁的现状，大多是因为犹如人的生老病死，生产工具在使用的过程中亦会存在老化与损坏的情况。然而一些企业在对其进行 6S 管理时，却往往完全没有考虑到相应的维修、报废和及时更换问题，于是制定的管理制度也就必定不可能会有当工具出现此类状况时的处理与解决办法，而不少企业则是根本没有相关的工具管理制度，因此大家在工作中的合适、可用工具自然也就会随着时间的流逝而变得越来越少。

另外，当合适、可用工具的数量减少到一定的程度后，生产中就会非常容易出现下面两种更为不利的情形：

1）由于在工作中很难找到合适、可用的工具，所以，员工就只能使用其他现有的工具来代替，例如拿扳手或钳子当榔头使等。而如此的操作对很多工具来说都是非常致命的，将大幅降低其正常使用的寿命，甚至导致它们的直接报废。

2）为了方便自己的工作，部分员工就会开始有意识地将剩余的好的常用工具悄悄私藏起来成为他们的专用。

若再综合上述的两种情况我们就会发现，部分企业的实际工作中，合适、可用工具的最终数量会是何等的凤毛麟角，而讲到此处，相信大家都能深刻体会很多企业的员工每到干活时就会感到非常发愁的真正原因了吧。

（2）对于工作中很多工具的可靠性、灵活程度以及卫生状况让使用者"望而生畏"的原因，则主要会涉及以下三方面的问题：

1）制度化的管理内容中缺少对工具进行定期维护、保养的明确规定。

2）员工对一些工具的具体维护、保养方法知识欠缺。

3）缺乏对工具实施维护、保养的必要用品。我们可以最简单的卫生状况为例，若没有一定的清洁用具，员工单凭双手是很难对工具进行清洁工作的，即使勉强完成了，作业的质量也是完全无法得到保障的。

（3）关于生产工具比较容易出现乱摆乱放的现象，其中的主要影响因素则可大致概括为下述的三项：

1）部分企业在对物品执行 6S 定位和标识的操作过程中，往往会存在以下三种常见的问题：

a. 明确了放置物品的定位线，但却未标识物品的名称，这样一段时间后，大家就不清楚一些物品的具体摆放位置了。

b. 标识了要放置物品的详细名称，但却未明确定位线的位置，这样就非常容易导致物品摆放方式的千差万别。

c. 要放置物品的名称标识得过于笼统，而定位线的划定又太过宽泛，该问题多发生在对一些同类型或相关联的物品进行定位和摆放的情况，例如：为了作业的方便，很多人在进行 6S 工作时会把工作中要用的所有清扫工具按类别整齐地摆放在一起，然后划定一个较大的定位线把全部的物品都圈到里面，再将划定的区域标识为"清扫工具摆放区"。此类做法虽看似简单明了，但在后期的管理中却极易因为没有明确标定单个物品的具体位置，造成整个定位区域内出现大量同类与相关物品胡乱堆积的状况。

2）6S 工作人员在对部分物品进行定位、摆放作业时，缺少必要、可靠的固定与限位等辅助措施。管理中较为普遍的情况如：圆形物品在定位线外自由地滚来又滚去，扫把、铁锹、拖把等长型物件东倒西歪地横跨定位线后探出"身"来……而这些都将会直接严重影响到 6S 管理工作的最终成果。

3）缺少对既定定位措施的日常维护工作。如同工具的老化与损坏一样，6S 工作中所使用的定位线、标识物品名称的标签以及用于固定和限位的其他一些辅助物件亦会随着时间的推移出现脱落、破损或是毁坏的情况，倘若类似的问题不能得到及时、有效的解决，企业的 6S 工作就会不可避免地再次回到从前。

（4）6S 管理中规定的工具摆放方式之所以会出现实用性不强的问题，总的来说大都是由下面的两个原因引起的：

1）6S 工作人员在给各类物品的摆放方式进行定位时，对于它们在生产中的实际使用情况并不是十分了解，或者过分强调了摆放的外在美观性。

2）当前大部分企业对于物品的摆放方式，依旧以平面放置的布局为主，未能充分利用既有的三维立体空间，这就严重制约了 6S 工作人员在对物品进行定位、摆放时的能力发挥，而最终结果的实用性也就很难达到最佳化。

（5）由于 6S 检查、评比时，关心更多的只是工具放置的整齐和干净与否，很少注重发现管理中存在的实质性问题，于是，前述 6S 工作中的一系列不足之处也就很难在短时间内得到及时、有效的解决，而其中的很多问题就可能会愈演愈烈，直至严重影响到企业的正常生产工作。

例如，较为常见的问题之一就是：随着工具损坏数量的与日俱增，所剩工具中就极易出现良莠不齐的局面，而员工在使用时，稍不留神就会发生把工具拿到作业现场后才发现它坏了的情况，如此，员工的作业速度与工作效率都必将会大幅降低。

解决办法：

通过上面"问题分析"部分对 6S 工作在企业工具管理中存在问题的进一步说明，我们可将对应的解决办法归纳总结如下：

（1）健全工具的 6S 管理制度。

由前面的分析可知，员工之所以会在工作中缺少合适、可用的工具，多是因为在现有的 6S 管理制度中缺乏对工具出现老化和损坏时的维修、报废与更换等方面的具体规定；而关于工具可靠性、灵活程度以及卫生状况差的原因问题，在很大程度上与相应的管理制度也存在着非常直接的联系。

综上所述，不断健全工具的 6S 管理制度，将能有效解决当前企业工具管理中与制度相关的一系列问题。

（2）对工具进行定位、摆放时，应注意下面的三点要求：

1）定位线与要放置工具的名称都需同时标识得足够清晰和明确。

2）当部分工具在摆放时出现不易定位的情况，就需采取一些必要、可靠的固定与限位等辅助措施。

3）要对相关的定位措施做好定期的检查和维护工作。

（3）在挑选 6S 工作人员时，以下两种类型的人才是必不可少的：

1）熟悉作业现场的员工。

只有熟悉作业现场的员工才能更加清楚地知道各类工具在生产中的确切使用情况是怎样的，如此，最终定位、摆放的结果也才会更加贴近员工工作、作业时的实际需求。

2）擅长加工、制作的机修人员。

当下而言，很多企业规定的工具摆放方式之所以会出现实用性不强的问题，原因就在于 6S 工作中缺少机修人员的参与。因为要想让工具的摆放方式更加合理，例如，不论是要充分利用既有的三维立体空间，还是要把能挂的物品尽量都采用"挂"的方式进行放置等，如果没有擅长加工、制作的机修人员，这些改变都将会是很难实现的。

（4）建立有效的监督与检查机制。

与纯粹的检查和评比活动不同，建立有效的监督与检查机制，能更好地发现企业工具管理中存在问题的根源，进而一次性地将其从根本上解决掉，如此，便可避免相关的问题不断发生积累，以致造成严重的不良影响。

第七章 工作杂记

一、企业其他常见问题解析

（一）为什么企业的很多员工总会感叹自己的工作累

其实大家都知道，员工在工作中之所以会感觉到累，不仅是因为身体上的劳苦，更重要的原因则是心理上的疲惫，而这其中较为常见的情况有：

1. 工作任务量过大

此种状况一般存在于操作相对简单，但重复频率却非常高的一些基层岗位，可采取的措施有：

（1）通过有效的改善措施，降低作业的整体难度。

（2）进一步落实现场的 6S 管理工作，提高员工的作业效率。

（3）调整作业人员的数量，减少单个员工的工作任务量。

2. 工作内容安排不合理，甚至存在冲突

这一现象通常发生在操作种类比较繁多，而作业步骤又较为复杂的工作岗位中，相应的解决办法是：不断建立和完善标准作业指导书管理体系，理顺相关岗位的全部作业内容，规划、制定出最优顺序的作业方案。如此，员工作业时就会有章可循，进而有利于避免因盲目作业而导致工作安排不合理甚至有冲突的情况发生。

3. 相关人员的能力不足

相关人员能力不足的问题往往出现在领导阶层当中，主要的原因在于企业平时不够注重后备人才的培养和选拔工作，于是，每到用人之际总无可用之人，就只能"瘸子里面挑将军"了，然而对于被仓促提拔上来的人员来说，工作中难免就会力不从心。相应的措施是：重视企业的每一次考评工作，并从中挑选出优秀的后备人才，并加以认真的培养。只有这样企业用人时方能呈现人才辈出的局面。

4. 员工看不到自己的前途

与上一项的内容相对应，员工之所以会看不到自己在工作中的前途，同样是因为企业平时不怎么重视后备人才的培养和选拔工作，员工自然也就很难感觉到有提升和发展的机会与希望，久而久之难免就会失去工作的动力，处理的方法为：注重员工的日常培训和选拔工作，让他们时时刻刻都可以感觉到机会与希望就在自己的周围。但在操作中需注意的是，要严格保证大家在发展机遇上的公平、公正与平等性。

5. 领导以及同事之间的关系不和谐

众所周知，在工作中无论领导还是同事，大家之间的关系相对都是比较难以相处的，而具体的原因则主要有如下两个方面：

（1）俗话说：人上一百，形形色色。日常生活中道不同不相为谋时我们大可一走了之；但是在工作中则不同，无论大家之间有多大的问题或者矛盾，都还得聚在一起，又要说着言不由衷的话；

（2）在每个问题的处理上，不同个人的利益出发点都是不尽相同的，于是，难免就会有尔虞我诈、钩心斗角的情况发生，最终的结果是，即使是原本非常简单的一些问题，却往往也会因此而变得让人不知所措。

透过现象看本质，以上所述问题的核心是如何才可以让员工更加切实有效地团结与统一起来，而在遇到不同之处时能够和平地进行协商和解决。说到这里，或许不少人都还记得员工互评Ⅱ的相关作用中就有与此类似的功能，所以，解决的办法自然也便不言而喻了。

（二）如何才能让员工发挥出最大的潜能

大家应该都能发现，企业的绝大部分员工一般都只是处在一个碌碌无为的工作状态，那么，不知你是否也有同样的疑问，是他们真的没有什么可以发挥的潜能，还是另有隐情？

关于这个问题，相信没人会直截了当地承认自己已经是江郎才尽了。既然如此，员工为什么不将自己的潜能毫无保留地全部发挥出来呢？我们可将其中的原因大致归纳为下面的两种情况：

1. 缺少可以发挥的时间和空间

很多企业领导在给员工安排工作时，只是将他们视作会干活的机器，从不讲明里面的原因和事由；而为了能够实现更高的效益，每次下达的任务量也都会让不少人感觉到不堪重负。因此，员工的潜能自然也就没有了任何可以发挥的时间和空间。

2. 员工自己不愿意有所发挥

其实，相对上面的一种情况来说，更多人的潜能之所以会被埋没起来，是因为他们自己不愿意有所发挥，于是，就选择了"韬光养晦"的工作方式，而若究其原因，相关的影响因素又可分类如下：

（1）缺乏有效的奖励机制。

相信所有企业的管理制度中都会有奖励先进的明文规定，但在落实时，通常却会存在下述的两个问题：

1）奖励措施不到位，难以调动大家发挥潜能的积极性。

2）受奖人员名不副实，奖励措施完全成了部分领导拉拢他人的一种手段。

（2）工作环境的影响。

在前面的第（一）个问题中就有提到，管理不当的话企业中同事之间的关系有时还是非常难以相处的，而若不巧当员工处于尔虞我诈、钩心斗角的环境中时，求得自保可能都是难事一件，试问他们还会有心去发挥什么潜能吗？

（3）企业领导的因素。

鉴于以前考评制度中的种种缺陷和各类弊端，不少企业的领导阶层里都不乏无所作为之辈以及能力不足之人，而他们的存在却往往正是影响员工潜能发挥的最大阻碍，主要的体现有以下三点：

1）"兵熊熊一个，将熊熊一窝"，大家应该都能明白其中所蕴含的道理。

2）能力不足的领导大都偏爱通过搞关系来加以弥补，然而这却恰是有能力员工的一个劣势，因为要想发挥潜能的话，他们就不得不将大量的时间和精力投入工作实践当中去，故其和这类领导之间很容易会出现一定的隔阂。

3）有潜能的员工与有能力的领导一起工作时，即使碰到难题也会因为有人及时指点迷津而越干越有劲；但若遇到一个不作为的领导，员工的问题就会被置之不理，试想谁还会愿意接着去发挥自己的潜能呢？

综上所述，要想让每位员工都能够发挥出其最大的潜能，就必须做好下述四方面的要求：

（1）落实人本管理，使每位员工都有发挥潜能的时间和空间。

（2）企业在建立奖励先进制度的同时，必要的监督亦是不可或缺的，否则就极难发现其中可能存在的问题，而奖励制度也就会变得没有任何意义可言。

（3）营造和谐、积极向上的工作环境，如此，员工方能全身心地发挥自己所拥有的潜力和才能。

（4）注重企业领导队伍的选拔和建设工作，在评优的同时，亦应做到将其中的落后分子悉数淘汰。

（三） 当前企业评优选拔和末位淘汰中常会存在的几个问题

评优选拔和末位淘汰制度是企业为激发员工活力、提高工作效能而采用的一种必要奖惩手段，然而在实际执行的过程中，我们却往往会发现，最终所获得的成效并不怎么理想，而若究其原因，此处可将较为常见的四个重点问题总结如下：

1. 评优选拔中徇私舞弊现象比较严重

在上面的第（二）个问题中，我们就提到过企业中的很多奖励措施实则都已完全成了部分领导拉拢他人的一种手段，故可想而知，评优选拔时，同样会存在类似的状况，而以往考评制度中的种种缺陷却也恰恰为此提供了便利的条件。

2. 末位淘汰时的人情关难过

人情关是以往考评制度执行过程中的一大难题，特别是在牵涉到末位淘汰时，对于领导来说则更是棘手。因此，最终大都会以各种原因不了了之，并没有任何一个人被淘汰，从而导致企业里面有大量的浑水摸鱼之徒能够长期如鱼得水般地混杂在其他员工之中。

但在员工互评Ⅱ中，所有人的考评成绩都不是由个人可以决定的，故执行时，大家只需按章办事即可，于是，就能很好地避免人情关的难题。

3. 评选后不注重优秀员工的培养工作

对一个企业的长久发展来说，我们之所以要评选优秀，更多的是希望他们能够成为企业未来的栋梁，而要实现这一目的，就必须从一开始即注重优秀员工的培养工作。但目前大部分企业对评选出来的优秀员工的奖励办法却都仅是些物质方面的措施，很少对其制定具体的长期培养计划，而本部分第（一）个问题中的第3、第4项情况也正是由此引发的。

4. 优秀员工的过多额外职责

这是一个非常值得大家共同深思的话题。员工能够获评优秀主要是因为他们以前的工作做得好，与后面的表现实则并无太大的联系，所以评优结果更多的是对员工前期工作的一个肯定和奖励，故我们不应该因此而强令优秀员工在以后的工作中去完成更多的任务或承担额外不必要的责任，若其接下来的作为欠佳，下次评选时取消其名额即可，否则就极易造成以下适得其反的影响：

（1）由于评优后会被强制要求承担更多的责任，员工难免就会逐渐丧失对优秀的兴趣，如此，当大家都不再追求什么所谓的优秀时，评优也就将形同虚设而失去本有的作用和意义；

（2）容易增加优秀员工与领导之间的隔阂和抵触情绪；

（3）原本非常优秀的员工也可能会失去对工作的热情与积极性。

以上即是当前企业在进行评优选拔和末位淘汰时多会遇到的一些主要问题，而若要想让考评工作能够真正发挥出它在企业发展中的重大推进作用，首先就必须将前述的这几项问题解决好。

（四）如何才能最大限度地提高企业"师带徒"制度中员工的培训质量

在前面第四章的开始部分提及过企业中的"师带徒"制度，而这里我们就来对其做一个相对全面、详尽的了解。

说到"师带徒"大家应该都不会陌生，因为无论是谁，在刚开始一份工作的时候，领导大都会安排一位老员工（师傅）负责其试用期间相关岗位知识与技能的学习和培训任务，而为了能够进一步确保新进员工完成培训后的能力问题，部分企业又可能会要求对应的师徒之间签订更具有象征性的师徒协议，并制定有相应的奖惩办法。尽管如此，在实际操作的过程中却仍存在不少的不足之处，严重影响着企业"师带徒"制度中员工培训的质量，常见的问题有：

（1）不注重师傅自身的资质。

当前，大部分企业在给新进员工分配师傅时，通常考虑的只是不同班组、岗位之间人数的平衡问题，哪里缺人就安排到哪里，而那里的老员工相应地也就成了所谓的"师傅"，并不怎么注重师傅自身资质的问题。

然而众所周知，虽同为老员工但他们的能力却是不尽相同的，若再谈及奉献的精神，就更是千差万别了，因此，并不是所有的老员工都适合担任"师傅"这一角色，故前述新进员工的师徒分配方式将很难有效保证员工的最终培训质量。

（2）容易忽略师徒之间的互相选择关系。

大家都知道，当两个人的性格不合时是很难相处的，企业中的师徒之间亦会出现类似的情况。但由稍前第（1）项的内容可以看出，企业在给新老员工建立师徒关系的时候基本都是随机的，除了不注重师傅自身的资质外，也忽略了师徒之间应该是互相选择关系的问题。

于是，企业众多的师徒当中不可避免地就会有大量性格不合者存在，可想而知，该种状况下徒弟到底能从师傅那里获得多少有用的东西？另外，这也是导致企业中不少新进员工刚入职不久很快就离职的一个重要原因。

（3）缺少必要的监督与检查。

很多企业在给新进员工分配师傅后，就极少再去关注他们在培训和学习中的实际情况了，如此，也就等于没有了相应的监督与检查，所以"师带徒"中难免就会出现各种各样亟待解决的问题，而前述的第（1）、第（2）项问题之所以会比较常见，也正是因为企业在执行"师带徒"制度时，普遍缺少必要的监督与检查。

综上所述，要想最大限度地提高企业"师带徒"中员工培训的质量，就必须做好以下三方面的要求：

（1）重视师傅资质的评选工作。

判断一名老员工是否具有做师傅的资质，我们不但要看他个人能力的大小，更应该从职业道德、责任感以及奉献的精神等方面进行选择，而与之评判标准基本相一致的就是企业的考评工作，因此，员工每次的考评成绩就可作为企业"师带徒"制度中评选师傅的一个主要依据。

（2）将新老员工的师徒关系建立在互相选择的基础之上。

关于师徒关系互相选择的问题，这里，既指新老员工起初建立师徒关系之时，也包括整个培训和学习的过程中，如遇师徒之间突然爆发不可调和矛盾的情况，就应该立即中断他们的师徒关系，并为新进员工安排其他的师傅。

（3）建立必要的监督与检查机制。

只有建立了必要的监督与检查机制，才能及时、有效地发现和解决企业不同师徒关系中可能存在的各类问题，如此，方能真正实现最大限度地提高全体新进员工培训质量的目标。

在具体落实的过程中值得注意的是，企业应在每个岗位选定2～3名师傅为宜，此做法的益处如下：

（1）能保证师傅的整体资质比较优秀。

（2）师傅的人选固定后，培养出来的新进员工的作业标准与操作习惯也将会非常容易变得相对统一，而这对大家以后的工作来说是相当有益的。

（3）师傅人选的数量减少，他们每人所带的徒弟就会变多，而教授的徒弟越多，师傅的相关经验就会愈加丰富，进而更能切实保证员工培训的质量问题。

（4）每个岗位有2～3名师傅，有利于师徒之间的互相选择关系。

（五）为什么企业中"事不关己，高高挂起"的人会越来越多

"事不关己，高高挂起"本应是个不折不扣的讽刺和贬义语句，但现在在日常的生活和工作当中，它却已经变成了一句教授人们如何为人处世的"至理名言"，让人情何以堪！而如此的状况，对企业的长期发展影响也是巨大的，所以接下来我们就一起聊聊工作中的此类问题。

总的来说，企业中容易造成或引起"事不关己，高高挂起"情况的常见原因主要有以下四种。

1. 发现问题后，缺少可以反馈的对象

例如：员工上下班的过程中，发现企业中的某个公用水龙头由于内漏一直在流水，或者宣传栏上的玻璃破碎了需要更换等，此时，因为大家的时间都是比较仓促的，又缺乏相应的维修工具，而一些操作只有专业人士才能完成，故对问题的发现者来说，相对简单可行的办法就是将自己发现的问题及时反馈出去，由其他的相关人员进行解决。

但在类似的状况中，不少人应该都深有体会，那就是不知该将发生的问题反馈给谁或哪个特定的部门，而又没有快捷的联系方式，如此，大家唯一能做的事情也就成为了不可能。所以，发现问题后，缺少可以明确、直接反馈的对象就成了企业中容易出现"事不关己，高高挂起"现象的一个重要外在原因。

2. 处理问题时，解决方式的错误

众所周知，工作中的大部分事情都是由很多人共同负责的，因此在处理出现的问题时，也就必须要全面考虑到所有责任人之间的公平与公正性。然而在实际落实的过程中却往往成了"谁责任心强谁干活最多，谁负责谁倒霉"的现状。

特别典型的一个例子就是，在共用一个垃圾桶的情况下，空着的时候大家都往里面丢东西，但每到垃圾满了需要清理时，我们就会发现，总是那固定的一两个人在负责，而其他绝大多数人都会故作看不到的样子，对之不闻不问。然而如果某天经常负责清理垃圾的员工突然有了些许建议，想跟领导反映一下此问题，望能得到合理、有效的解决，却通常都只能获得如下适得其反的结果：

（1）领导大都不喜欢"事多"的员工，而其他人对此都没有任何的意见，所以领导甚至就可能会怀疑该员工个人作为或能力的问题。

（2）领导对员工提出的问题多会认为是小事，进而选择不置可否的方式，让员工自己进行协调解决，而这样就等于将问题又原封不动地推回到了初始点。

（3）若其他员工知道了也很少有人去反思自己的过错和不足，反倒会觉得这个人比较小气，喜欢斤斤计较，清理个垃圾都要跟领导说。

于是，可想而知，无论以往多么积极、优秀的员工也可能会因此而逐渐失去对工作的原有热情，再遇到同类问题时，大家都将会是熟视无睹、得过且过的消极态度。

3. 人际关系的不和谐

此项内容相对就十分容易理解了，当大家身处的环境不和谐、员工之间的关系非常不融洽时，自然也就不会有人去主动帮助周围的其他人或做一些与自己本职工作没有任何利益关系的多余事情了。

4. 员工之间缺乏可以互相制衡的手段

对于企业中的很多不良行为，不少人之所以会选择"事不关己，高高挂起"的做法，更多是因为员工之间缺乏可以互相制衡的手段，自己所说的话对他人来讲并没有任何的作用和威慑力，而再多的言语都犹如"水上打一棒"，故就只能"独善其身"了，例如，工作中相当普遍的一类事情就是：

很多人都在努力地一起干活，然而总会有那么几个人刚有气无力地动了两下之后，就开始坐下或站着肆无忌惮地聊起天来，而其他人往往则都想着"睁只眼闭只眼"做好自己的本职工作就可以了。但若遇领导到现场检查时，聊天的几个人就会立马转变工作的态度，开始大干特干起来，表现得比其他任何人都卖力。

在上述的情况中，聊天的几个人之所以对周围的那么多同事视而不见，而一碰到领导立马就变得无比勤快，其中的一个关键原因正是领导手中掌握有能够惩治他们的办法。而稍加逆向思考我们就会发现：企业中很多行为不良的员工之所以敢如此的恣意妄为，往往也正是因为其周围的大部分人都没有可以制衡他们所作所为的手段。

综上所述，若要彻底解决企业中"事不关己，高高挂起"的难题，就必须将前面提到的几项原因处理好，而具体则可参考如下的一些办法：

（1）针对"缺少可以反馈对象"的问题，企业内部可设定类似移动"10086"、电信"10000"等的综合服务型电话号码，以便员工在遇到非职责范围内的问题，却又不知该找谁或如何解决时，即可将问题及时地进行上报，再由企业统一安排处理。

（2）对于员工工作中提出的任何问题，领导都应该给以足够的重视，而问题之所以能被反映到领导那里，就说明员工已经无法自己协调解决了，需要领导的介入与帮助。另外，处理问题时应充分尊重问题提出人的意见和建议，还必须要考虑到办法的公平与公正性，如此，方能有效保证员工在以后工作中的积极性与主动性。

（3）要解决前面原因说明部分中的第3、第4项问题，比较理想的措施则是在企业推行员工互评制度，而具体的缘由大家则可参看第一章第七部分"员工互评Ⅱ的作用"中的内容。

（4）为鼓励大家保持积极向上的工作态度，企业亦可依据实际状况考虑制定一些有针对性的奖惩措施。

（六）办公室领导岗位人员的评优工作

关于此问题，其实早在第一章第五部分"如何正确运用考评的结果"中就已经有过明确的说明，但在以往的考评制度里却经常会分为如下的两种情况：

（1）办公室领导岗位人员的评优工作和基层员工是在一起进行的，故结果可想而知，本来就不多的评选名额首先却会被领导岗位的人员给占去很大一部分。尽管有时这也实属无奈，因为作为部门领导，属下的员工都被评为了"优秀"，若自己什么也不是，难免会让人无所适从。

（2）部分企业认为：作为办公室岗位的领导，由于他们平时的工资以及奖金相比基层员工都已高出很多，所以就不应该再参加所谓的评优活动了。

对于上述的两种情况，相信大家非常容易都能看出其中的诸多不足之处：

1）领导与员工在一起评优，但由于二者的考评成绩之间本身就缺乏一定的可比性，因此结果也不可能有任何的意义可言。

2）领导"不公平"地强占了基层员工的评优名额，难免会引起大家的不满，进而势必将严重影响到员工工作中的热情和积极主动性。

3）然而若办公室领导岗位的人员不参加评优的话，他们就很难看到自己与他人之间的差距，大都会满足于现状，如此，工作中便会缺少必要的动力来源。

说完以往考评制度中办公室领导岗位人员评优方式的种种不足，接着，就再来回顾一下一开始便有提到的第一章第五部分中的相应评选办法，对比之后我们便会发现，它能有效避免以上所述的全部问题，也就意味着其为办公室领导岗位人员在评优时比较理想的一种评选方法。

（七）企业中的优秀人才为什么难以被发现

对于企业中优秀人才比较难以被发现的问题，相关的原因总结起来较为常见的主要有以下四种：

（1）若想判断一个人优秀与否，不但要认识他，还需能够深入了解他的方方面面，但这对任何一个单独的个人来说都是极难做到的一件事情。

（2）在本部分的第（三）个问题中也提到过相关的一个影响因素，即当前企业的评优选拔中徇私舞弊现象比较严重。

（3）领导的私心问题。在与员工长期相处的过程中，领导对于每位下属的能力还是有一定了解的，但他们对员工的能力却往往是既期望又忌惮，原因是：有能力的员工可以帮助他们解决很多难题，但是员工能力的强大也直接影响着他们的绝对领导地位，特别是对于那些能力相对较弱的领导来说，其领导地位将存在随时可能被能力较强的优秀员工取代的风险。此种状况下，对于能力强的员工，领导通常会选择一些压制的做法，使他们始终处于埋没的状态。

（4）与常人相比，优秀人才大都会更加谦逊，表现得与世无争，面对利益的同时也会看到相应的责任；势利之人则不同，一旦利益摆在面前，立马就会蠢蠢欲动，不顾一切地去争抢。如此一来优秀人员反倒会显得落后很多。

综上所述，相信大家都已能明白企业中的优秀人才为什么难以被发现了，而具体的解决办法就是员工互评Ⅱ，其中的原因与理由则可参看第一章第六部分与第七部分中的相关内容。

二、管子的一些非常使用方法（附加）

所有人应该一眼就能看出本部分与其他章节的主题是相对脱节的，而之所以还将其作为附加内容写进来，是因为管子在大多企业中的存在是相当普遍的，若使用恰当的话，在促进生产的同时间接对企业的日常管理工作也是十分有利的，下面就一起来了解一下吧。

就目前来说，多数人对管子的认识仅局限于液态物料在动力条件下的传输功能，例如，在泵的作用下，将某种液体从一个地方输送至另外一个地方等。其实，除了该用途外管子还有其他一些非常的用法，那么具体有哪些呢？

（一）构成连通器

提及连通器，相信大家首先想到的定会是如图 7 - 1 所示的样式，但若是两个没有任何联系的容器，能快速地将它们组合成为一个连通器吗？答案当然是肯定的，如图 7 - 2 所示即为一个地道的连通器，且它的构成也相当的简单明了，正是两个互不相干的容器，还有就是一根充满了液体的管子。

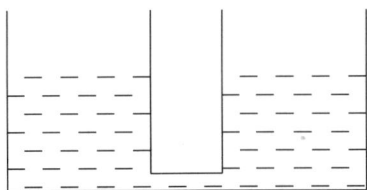

图 7 - 1　普通连通器

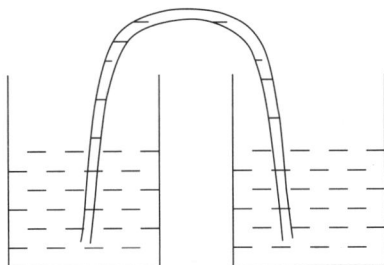

图 7 - 2　管子构成的连通器

另外，我们将图 7 - 2 稍加演变便可得到如图 7 - 3 所示的结构。此时，当不断向左侧容器内增加液体时，根据连通器的特性，左、右两侧容器内的液位就会同时上升且保持相同的水平高度，但右侧容器液位已达到最大值，所以新增的液体就会不断通过其上边缘溢流出来，而左侧容器内的液位也就会始终保持不变。

接着，图7-3可进一步演化成为如图7-4所示的结构，对比两图大家就会发现，在把连接管子的右侧尾部向上弯曲后即可出现一个小型的"U"型容器，而此处原有的容器也就成为多余的存在，便可直接将其取消掉。

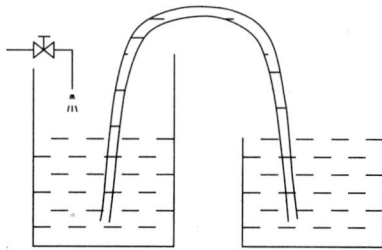

图7-3 管子连通器演变（一）

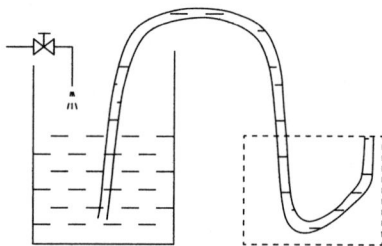

图7-4 管子连通器演变（二）

此部分的相关理论说明也就这么多了，下面就共同来看一下该结构在企业生产中的一些具体应用吧。

应用1：

以往人们要将两个不同的池子连通起来时，通常都会"大兴土木"地进行挖土刨坑作业，但实际上若是临时需要的话，仅需一根管子就能轻松解决，如图 7 - 5 所示。而对于长期使用的情况，我们则可采用图 7 - 6 中更为标准的做法。总的来说，该连通方式的优点主要有以下两项：

（1）操作方便、快捷。

（2）不破坏坝体和路面，安全隐患少。

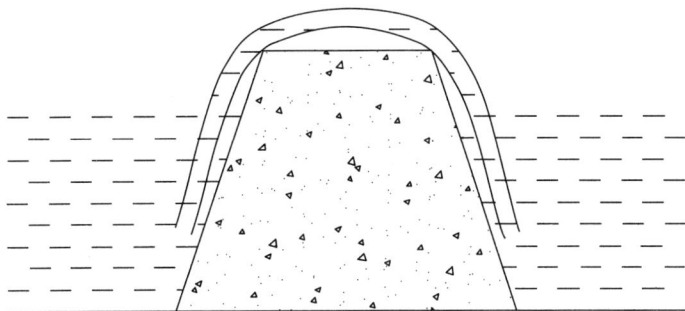

图7 - 5　管子连通两个池子示意图（一）

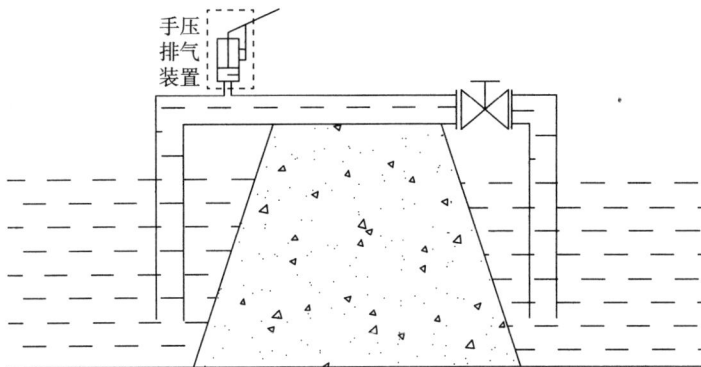

图7 - 6　管子连通两个池子示意图（二）

应用2：

在企业的生产过程中，一般都离不开水的参与，于是难免就会有"跑冒滴漏"的发生，而其中的很多情况却往往只能等到停车后才可以进行解决，如此，该如何处理这中间一段时间里泄漏出来的液体就成为一道难题。而当前普遍的一种办法是，用容器收集后再人为转移至固定的排污处倒掉。此法虽然可行，但却异常费时、耗力，而且若稍有疏忽就极易出现皿满而积液遍地的状况。

而若依照图7-4所示，我们则仅需再找一根合适的软管即可轻松、快速地将该问题解决掉，详细的作业步骤是：

（1）将容器放置在出现漏点处的下面，用于收集生产中泄漏出来的液体。

（2）把软管一端插入容器内的液面以下，另一端拖至可以排污的地方，而后调整尾部出口的水平高度至进口与容器高度的中间位置并加以固定，这时，管子的中间部分亦会因为自身重力的作用而下沉，并随机形成"U"型部分的底部。

（3）对管子进行灌水排气后，即可进入正常的使用状态。

完成以上操作后，随着生产中液体的不断泄漏，容器内的液位就会逐步增加，而在上升到连接软管出口的水平高度时，后续泄漏的液体就会由此出口处及时排出，于是容器内的液位也便会一直保持该高度不变。

另外，本应用中还有一种较为特殊的情况是，当连通器一侧容器的液位非常低，甚至消失时，就会出现如图7-7所示的状况，对于此或许大家就比较熟悉了。而它在生产中的应用亦是十分广泛的，例如：

（1）在上面的"跑冒滴漏"案例中，当漏点处理好后，用于收集泄漏的容器内一般都还会剩有不少的液体。此时，若我们把容器内管子的进口端沉底，出口侧解除固定后直接放在地面上，则容器内的剩余液体就会顺着管子全部流出，特别是当容器较大且不易拿取时，该操作将会给后续的相应收尾工作减少很多不必要的负担。

（2）当生产中某些容器、设备等的出口控制手阀发生损坏或排污管线出现堵死的情况下，其中的积液可能就会很难处理，但若能够巧妙利用一根管子构成图7-7所示的结构，则所有类似状况下的问题就都不再会是难题了。

（3）地面上的洼地或坑中有大量积水需要处理时，很多情况下亦能采用同样的方法进行解决，只要我们能找到地势更低的排污点即可，而企业中往往都大量分布着排污用的阴井，正好可以将管子的出口端放入其中排走地面洼地或坑中的积水。

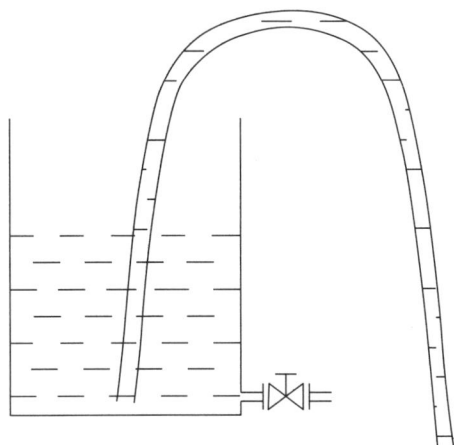

图7-7　管子连通器的特殊情况

小结：在前两项的应用中可能很多人已经注意到了，其中的关键主要涉及以下两方面的要求：

（1）连接管子出口处的地势要低于其进口端液面的水平高度。

（2）管子的排气工作。

而对于管子的排气工作，其中常用的方法有：

1）在管子较细而又不是很长的情况下，一些人可能会直接采用人工吸气的方式将液体引入管子。

2）当管子较大且属金属材质时，就只能采用与图7－6中相类似的手压排气装置了。

3）对于塑料软管，一种相对笨拙但却十分通用的方法是，首先将管子的两端翘起进行注水排气，再把两管口都封死，接着待管子的两端口都放到既定的位置后，依次打开进、出口即可。

应用3：

罐、箱等容器可以说是诸多企业生产中必不可少的一个重要组成部分，而就目前来说，其出口的设置大都与图7－8中左侧的出口相类似，多位于容器的侧下方或者底部，但在使用的过程中此结构却有如下几个缺陷常会令人头痛不已：

（1）出口位置设定得太靠下时，容器内的杂质沉淀就非常容易随液流进入后段的工序，进而对生产造成不利的影响，更甚的是倘若有与出口管径差不多的物件掉入容器，就极可能会引发堵塞管道的生产事故；

（2）若将出口位置设定得过高，由于低于它的液体是不能被生产所利用的，因此这就会大幅降低容器实际可使用容积的大小；

（3）由于出口位于容器的下侧，始终与液体保持接触的状态，因此，其与容器连接处的焊缝就会极易遭受腐蚀而出现泄漏的情况，特别是一些企业自制的容器，焊接的质量本来都很难得到有效的保证；

（4）大家都知道，频繁使用的出口手阀还是比较容易出现问题的，而其一旦发生故障需要处理时，容器内剩余的大量液体就会成为一大麻烦；

（5）企业工艺管线的布局通常都是错综复杂的，而容器出口位于下侧时，往往也就意味着其对应的操作手阀非常贴近地面或多会被"埋没"于其他众多的管路当中，势必会严重影响到员工正常作业时的操作难度。

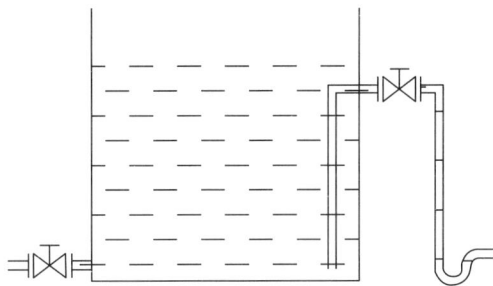

图7-8　罐、箱等容器的出口设置示意图

此时，或许就会有人要问：如果不这样设置的话，有更好的解决办法吗？

下面我们就来看下图7-8中右侧所示出口会是怎样的情况。对比图7-4，非常容易就能看出这二者之间是极其相似的，而该出口的设计也正是对图 7 – 4 中所示结构的另外一项应用。其工作的原理是：

在对容器注入液体时，其若为空的话，补充后的液位则需高于出口管线的最高处，如此，再次使用时液体方能正常地从出口流出并排出管线中的气体，进而将此段管路构成所谓的"连通器"。同时，由连通器的特性可知，以后只要手阀打开，左侧容器内的液体就会不断地从右侧出口处流出，直至液位低于进口的高度。另外，位于出口处的 180 度上弯头也是必不可少的，否则在手阀关闭的情况下，后段管线内的液体就极可能会被排空掉，而此前构建的连通器也便不复存在了，于是容器内低于出口管线最高处的液体也就不能再被顺利地排出。

现在，大家应该都能清楚地知道图 7 – 8 中右侧出口结构的工作原理了吧，而接下来要说的就是其比左侧普通出口的优点会有哪些。

（1）由于该出口管线进口端的液体流向是自下而上的，故容器底部的杂质沉淀在自身重力的作用下是很难进入后段工序的，更不用说出现大型物件堵塞出口管道的情况了。

（2）从图中可以看出，该结构的进口是能够无限接近容器底部的，所以容器内的液体也就几乎全部能从出口顺利排出，这便意味着整个容器的实际容积都将被充分地利用起来，而浪费接近于零。

（3）在该出口结构中，出口管线与容器的连接处比较靠上，于是当液位较低时，焊缝就会从液体中裸露出来，这将有效减少其被直接腐蚀的时间。

（4）同样因为位置较高的原因，在出口控制手阀出现问题需要处理时，就会有容器内实际液位高于或低于其水平高度的两种情况之分。若手阀位置较高，则可不用理会容器内剩余的液体；而即使容器内液位较高的话，我们也仅需将高出手阀位置的部分液体"解决"掉即可。

（5）制作该出口结构时，管线弯曲的具体高度可依据实际情况而定，而这就能够控制操作手阀的位置，更便于员工的作业。

（二）增加泵的出口流量

在日常生产中，如图 7-9 所示，要将一个池子或渠道中的水抽到另外一个池子或渠道的作业还是比较常见的。而一般来说，人们在设计、制作管路时，无论其后端出口处的状况如何，一旦管道到达了它的上边缘后，就会立刻戛然而止，且对于此种操作，或许大多数人都会认为是最好的做法了。

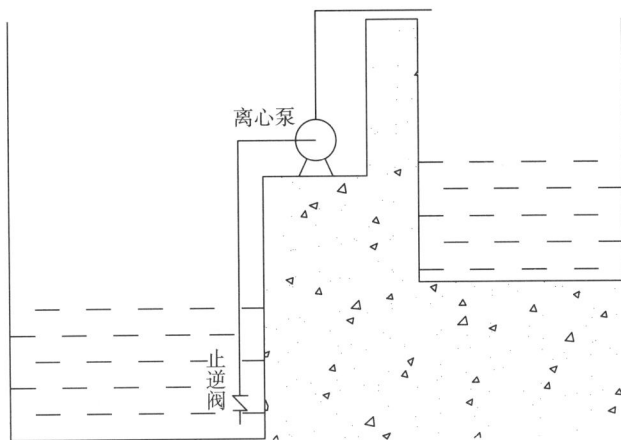

图 7-9　常见的抽水工艺流程示意图

真的是这样吗？接下来，我们就来看一下另外一种情况。

众所周知，绝大部分型号泵的流量都会随着扬程的升高而不断降低，如此，在同等条件下，若能适当降低泵的实际扬程，相应地也就可以提升其出口的流量，故泵的工作效率同样也会跟着增加。于是，对比图 7－10 大家就会发现，在原有管道的尾部新增一段长度为 h 的向下管线后，泵出口的水平高度就会有所降低，其实际扬程也就由原来的 H 高度变成现在的 H－h，而基于流量与扬程之间的关系也正意味着：泵在工作时的出口流量将会因此而有所增加。

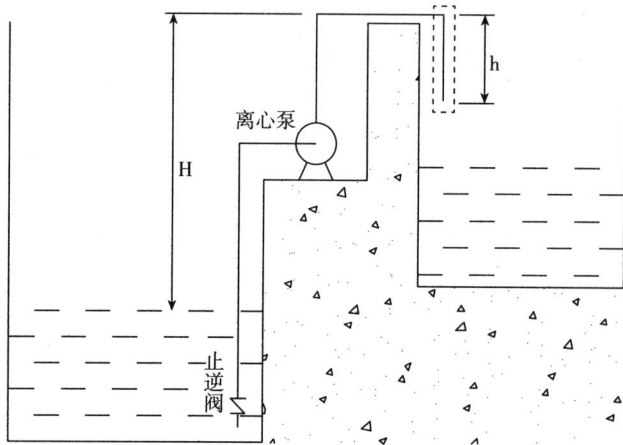

图 7－10　改进的抽水工艺流程示意图

值得注意的是，关于管子能增加泵出口流量的功能，多使用于低扬程大流量的泵，因为此类型泵出口流量的大小受扬程变化的影响甚是明显，故即使对出口进行轻微的高度调整，都会带来无比巨大的经济效益。

（三）提高泵的最大扬程

相信大部分人都知道，一个标准大气压可以支持约 10m 高的水柱，且在前面的所有应用中，其实都与此有着非常紧密又直接的关系。而关于 10m 水柱的来历，它是根据液体压强计算公式得到的，具体如下：

$$P_{空气} = \rho_{水} \, gh_{水}$$

其中：$P_{空气} = 1.01 \times 10^5 Pa$，$\rho_{水} = 1.0 \times 10^3 kg/m^3$，$g = 9.8N/kg$。于是，由以上数据便可算出 $h_{水} \approx 10m$。

在了解完上述的内容之后，下面就可以开始这里要讲的主题了。对于一台泵而言，当它的最大扬程为 H 时，能否把水输送到 H + h 的高度呢？对此，或许大多人都会心存疑虑，现在我们就一起来看个案例吧。

如图 7 - 11 所示，在高度为 H + h 的地方有一换热器，需要利用下面容器内的水进行降温，而现有泵的最大扬程却仅为 H，那么该系统是如何运行的呢？与正常的启泵作业步骤有所不同，该系统在启动前，除了要给泵体灌水外，还需要对管路进行排气，而这也是其中最为关键的一个环节。具体的操作方法是：

首先，打开泵的进、出口手阀，让容器内的水自行流入泵体，待确认泵体内再无气体后关闭泵的出口手阀；

接着，在关闭系统左侧回路上的回水手阀和打开其顶部的排气手阀后，开启上水管线上的高压水手阀（流速不宜过大），并同时注意观察稍前打开的排气手阀，待有大量的水涌出时关闭高压水手阀，再在关闭排气手阀后打开回水手阀即可。

如此，在完成以上两步作业后，其他剩余的操作就可按照正常的启泵步骤进行了。

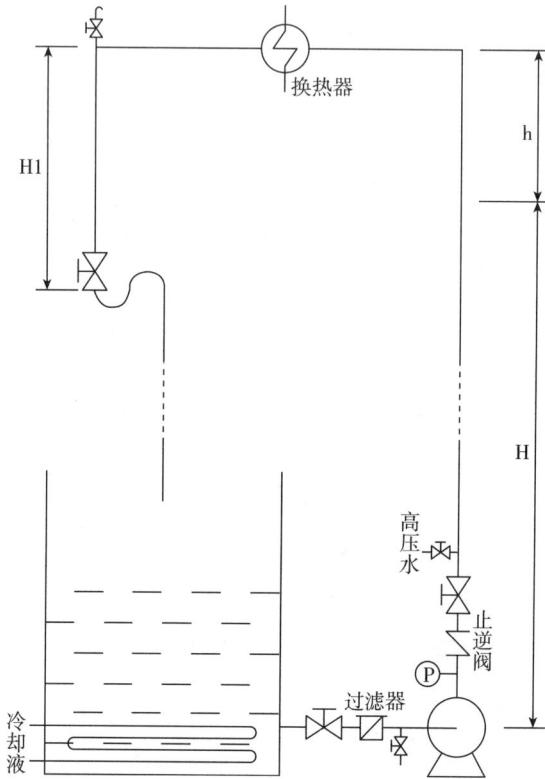

图 7-11　高处换热工艺流程示意图（一）

说到这里，大家应该还是很难明白其中所蕴含的运行机理，关于该系统能够正常运行的原因，可能不少人已经注意到其回路上的不同之处了，即有一平躺的"S"弯头。也正是因为此弯头的存在，在排气手阀关闭时，它上面管道内的水就不能自由地流出（图 7-8

中有类似的结构），若对应的水柱高度为 H1，其就可以抵消右侧上水管线中同等高度的水压。同时，也便意味着如果泵的扬程能够达到 H + h − H1 高度的话，管线中就会有水流了，而根据图中所示，h 是小于 H1 的，故 H + h − H1 是小于 H 的，于是该系统当然也就可以正常运行了，而水流的大小则是泵在扬程为 H + h − H1 时所对应的流量。

另外，本案例中还有两个必须注意的要点是：

（1）H1、h 与 $h_水$ 的大致关系是 $h \leqslant H1 \leqslant h_水 \approx 10m$。

（2）该系统只有在水温较低的条件下才能正常运行，因为我们都知道水的沸点是会随着压强的减少而降低的，但在该系统中，管子内最高处的压强其实是非常低的，故而若温度稍高就可能会出现沸腾汽化的情况。

那么，对于以上两个限制条件有没有可以改进的办法呢？

如图 7 − 12 所示，当我们把容器改为封闭容器，并向里面注入高压气体，使它的内部空气压强 $P_空气$ 不断变大，此时则会有：

（1）根据公式 $P_空气 = \rho_水 gh_水$ 可知，$h_水$ 的高度将能达到 10m 以上，而 H1 也就不会再受 10m 的限制。

（2）该系统管子内最高处的压强计算公式为：$P_空气 − \rho_水 gH1$。当 H1 不变时，其值就会逐步增加，进而可以保证水在更高温度的条件下也不会达到沸点。

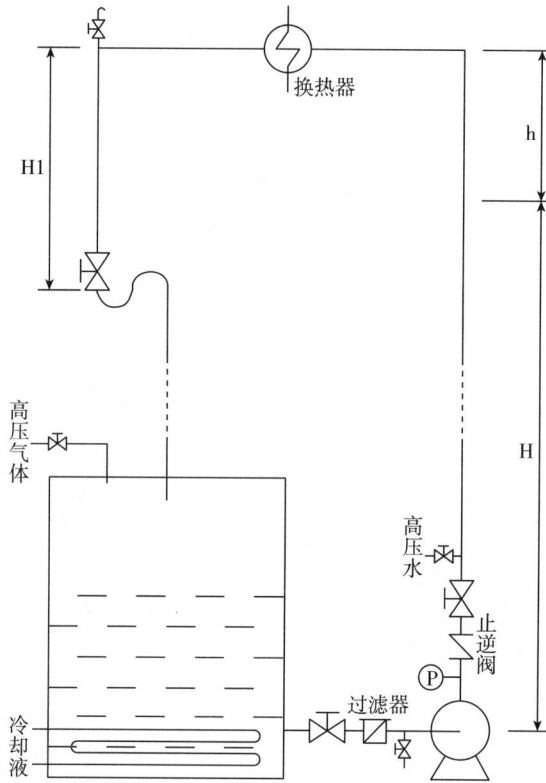

图 7-12　高处换热工艺流程示意图（二）

后　记

本书第一章所述员工互评Ⅱ，对于其中 Excel 表格的制作以及数据的处理，相信大部分读者都会觉得甚是烦琐、不易操作。为了能够切实提高员工互评Ⅱ的可执行性，笔者后期将这些"麻烦"做了编程，写成一款应用软件，并进行了"软著"登记（证书见图 2），读者可通过扫描以下的二维码来下载、学习和使用相关软件。

图1　员工互评Ⅱ相关应用软件二维码

中华人民共和国国家版权局

计算机软件著作权登记证书

证书号： 软著登字第6350223号

软 件 名 称： 企业员工互评应用程序软件
V1.0

著 作 权 人： 邹龙才

开发完成日期： 2020年09月10日

首次发表日期： 2020年09月10日

权利取得方式： 原始取得

权 利 范 围： 全部权利

登 记 号： 2020SR1549251

根据《计算机软件保护条例》和《计算机软件著作权登记办法》的

规定，经中国版权保护中心审核，对以上事项予以登记。

No. 06675371

中华人民共和国国家版权局
计算机软件著作权
登记专用章
2020年11月06日

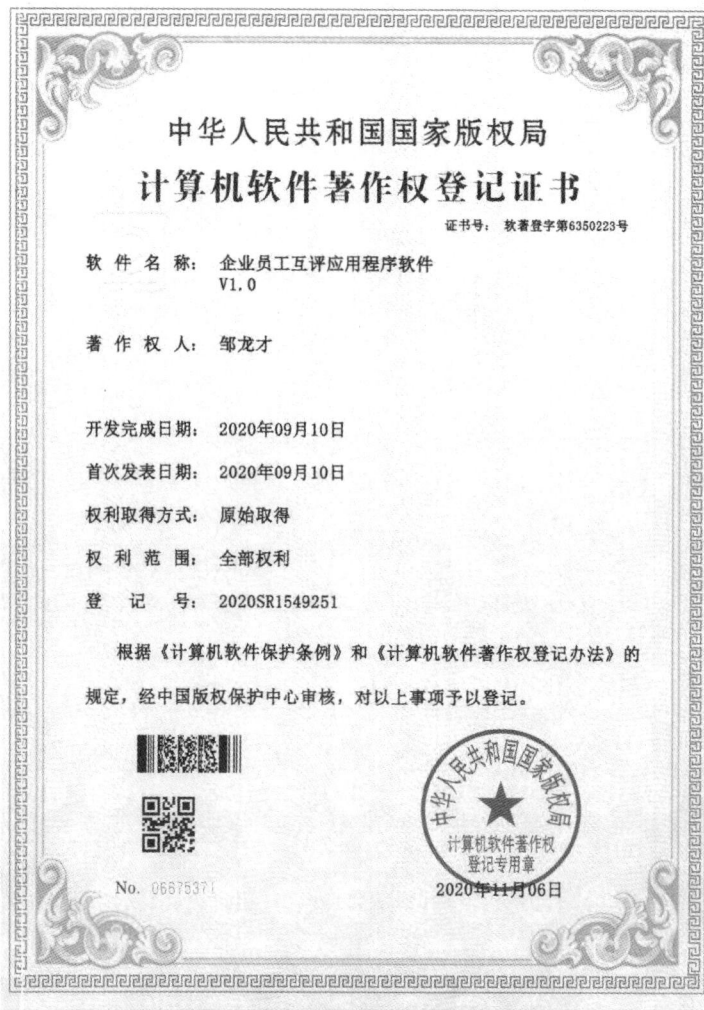

图2　企业员工互评应用程序软件著作权登记证书